AF588113

Bernardino Luini, a la sombra de Leonardo da Vinci

David Alan Brown

Bernadino Luini

A la sombra de Leonardo da Vinci

SKIRA

Cubierta
Bernardino Luini, *Piedad*, detalle, colección particular

Proyecto gráfico
Luigi Fiore

Coordinación editorial
Emma Cavazzini

Edición
Inés Plasencia para NTL, Florencia

Maquetación
Sara Marcon

Traducción
Raquel Llopis para NTL, Florencia

Búsqueda iconográfica
Paola Lamanna

Acabado de imprimir en el mes de noviembre de 2022

Impreso en Italia

ISBN: 978-88-572-4806-6

Créditos de las fotografías
© 2022 Bridgeman Images: fig. 21
© 2022. Copyright The National Gallery, Londres/Scala, Florencia: figs. 5, 27
© 2022: Photo Scala, Florencia – Ministero della Cultura: figs. 35, 39
© 2022. Photo Scala, Florencia/ bpk, Bildagentur für Kunst, Kultur und Geschichte, Berlín: figs. 20, 24
© 2022. Museo National Thyssen-Bornemisza/Scala, Florencia: fig. 42
© 2022. RMN-Grand Palais /Dist. Photo SCALA, Florencia: figs. 8, 13
© Ashmolean Museum, University of Oxford: fig. 12
© Mauro Magliani, Padua: fig. 3
© National Gallery, Londres: figs. 4, 4a, 6, 34
© National Gallery of Art Washington: figs. 14, 36, 37
© Pinacoteca di Brera, Milán: figs. 1, 9
© Photographic Archive Museo Nacional del Prado: fig. 32
© Mauro Ranzani, Milán: figs. 11, 29
© The State Hermitage Museum: fig. 22
© Stratfield Saye Preservation Trust: fig. 41
© The Trustees of the British Museum: fig. 7
© Veneranda Biblioteca Ambrosiana/Mondadori Portfolio: figs. 28a-b
© Veneranda Biblioteca Ambrosiana/Gianni Cigolini/ Mondadori Portfolio: figs. 19, 26, 31
Album/Mondadori Portfolio: fig. 15
Akg-images/André Held/Mondadori Portfolio: fig. 18
Mondadori Portfolio/Archivio Magliani/Mauro Magliani & Barbara Piovan: figs. 17, 40
Su concessione del Ministero della Cultura – Galleria Borghese, Roma: fig. 23
Museo Poldi Pezzoli, Milán: fig. 10
Musée du Louvre, París: fig. 38
Royal Collection Trust / © Her Majesty Queen Elizabeth II 2022: figs. 25, 33
The J. Paul Getty Museum, Los Angeles: fig. 30

Índice

7 Prólogo y agradecimientos
9 Bernardino Luini, a la sombra de Leonardo da Vinci
68 Bibliografía
70 Índice onomástico

Escrito durante la pandemia del coronavirus, el presente libro examina una selección de pinturas de Bernardino Luini que se vieron influidas por Leonardo da Vinci. El análisis comparativo muestra que Luini pasó de adoptar las composiciones y los motivos de Leonardo a incorporar elementos de su estilo y expresión en un grupo de obras que datan de la década de 1520, en las que se centra el libro. Al imitar a Leonardo, Luini reemplazó la complejidad por la claridad, simplificando su *maniera* y haciéndola accesible a un público amplio, sin distinción de edad, género o clase. Sin embargo, este método de popularización de Leonardo por parte del artista dio lugar a críticas que tachaban sus obras de meras derivaciones, sin tener en cuenta su función como imágenes devocionales. Más allá de las enseñanzas y prácticas eclesiásticas, poco se sabe sobre la forma en que los espectadores comunes miraban el arte religioso en esa época[1]. Aunque no hay registro de sus reacciones, las propias pinturas de Luini proporcionan pistas, como las figuras en primer plano y la interacción entre ellas mismas y con quien las observa, que apuntan a un propósito devocional. Puede que el artista no fuera un intelectual como Leonardo, pero el pensamiento intrínseco de sus obras es absolutamente coherente y consistente. Su clara organización e inequívoco significado comunican con eficacia el mensaje religioso que pretendía transmitir.

Además de las personas a las que se agradece en las notas, el autor desea expresar su gratitud por la ayuda recibida a los siguientes compañeros de la National Gallery of Art de la ciudad de Washington, donde trabajó como conservador de pintura italiana y española: Gwendolyn Androsko, Salima Appiah-Duffell, Kathy Bordwell, Charlotte DonVito, David Essex, John Hagood, Gretchen Hirschauer, Rodrick McElven y Greg Most. Desde el principio, este proyecto ha contado con los fructíferos consejos y el apoyo de Joan García.

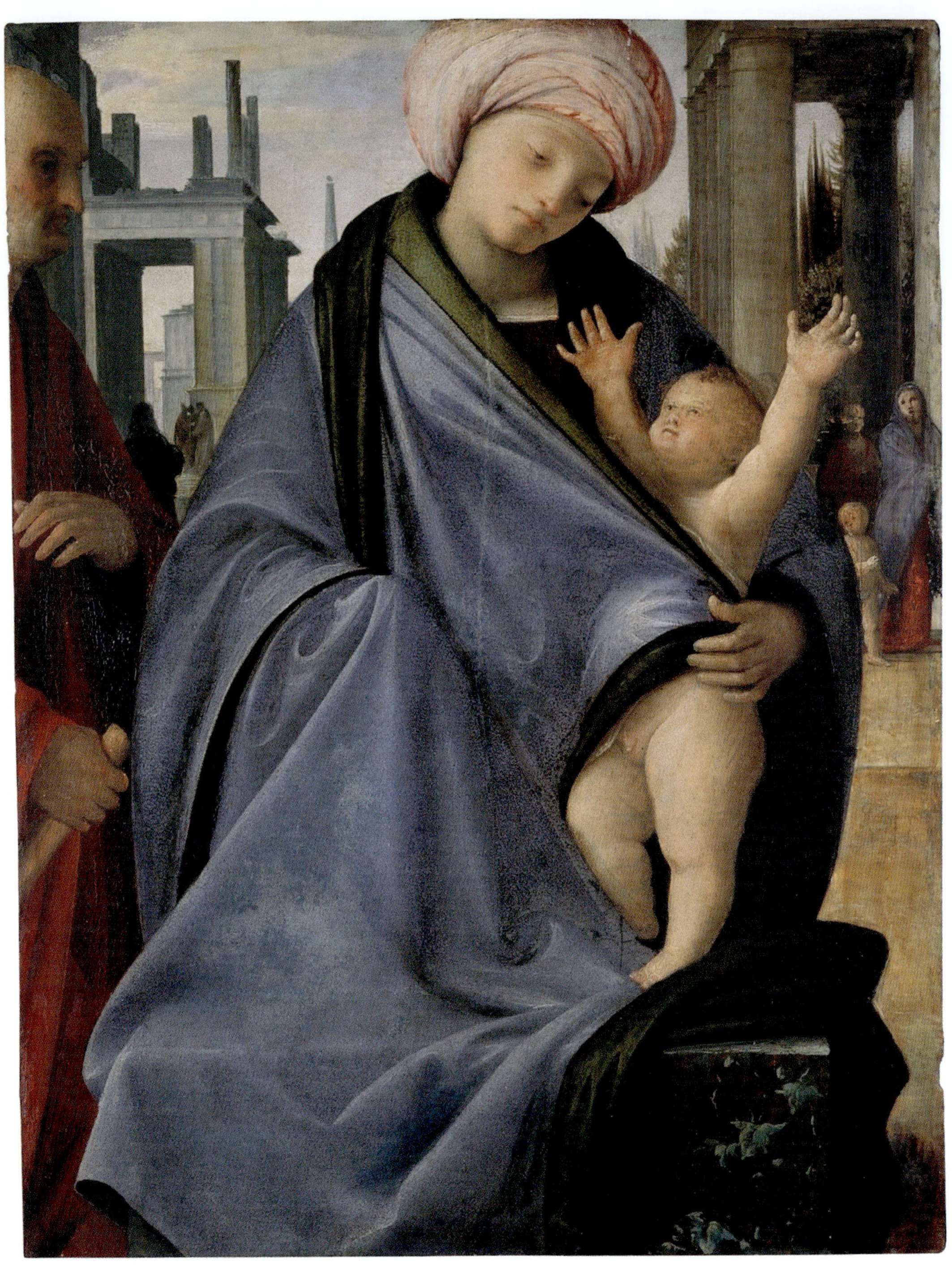

David Alan Brown

Bernardino Luini, a la sombra de Leonardo da Vinci

El presente libro revisa la idea de Leonardo da Vinci (1452-1519) como fuente de inspiración esencial para su contemporáneo más joven, Bernardino Luini (hacia 1480/85-1532). Sin embargo, más que una noción de la influencia de Leonardo en sentido amplio, lo que propone es una comprensión más compleja de la relación entre los dos artistas, que trata de explicar la tan criticada falta de originalidad de Luini respecto al veterano maestro. En una categoría artística en la que Leonardo ofrecía pocos modelos (las imágenes devocionales de la pasión de Cristo), Andrea Solario, influenciado a su vez por Leonardo, tendría un impacto decisivo en Luini. La influencia de Solario complementó la de Leonardo, lo que permitió a Luini establecer un nuevo patrón para representar una amplia gama de temas sagrados.

En siglos posteriores, Luini sería considerado el pintor lombardo más importante de principios del siglo XVI. En la actualidad, ese honor corresponde a Bartolomeo Suardi, llamado Bramantino, cuyo estilo resulta más moderno que el de Luini. Al igual que su maestro Bramante, Bramantino (hacia 1465-1530) fue un pintor y arquitecto que creó un lenguaje artístico propio. Algunas de sus obras, como la *Sagrada Familia* (fig. 1) de la Pinacoteca di Brera, en Milán, muestran una extraordinaria originalidad, con sus extravagantes fisonomías, magníficos drapeados y sorprendentes perspectivas arquitectónicas que se ajustan a un orden geométrico al borde de la abstracción. Gracias a sus sutiles efectos pictóricos, en particular, Bramantino se ganó el apoyo de distinguidos mecenas, trabajando durante un breve periodo en el Vaticano, diseñando un conjunto de tapices dedicados alos meses (Castello Sforzesco, Milán) para Gian Giacomo Trivulzio y sirviendo como pintor en la corte del duque Francisco II Sforza. No obstante, la singularidad de su estilo hizo que su obra fuera un modelo inadecuado para el arte devocional a mayor escala, de ahí que haya pocas copias de sus pinturas. Si bien las obras más reproducibles de Luini carecen de ese sentido de la personalidad, por esa misma razón gozaron de mayor aceptación en el arte lombardo.

Nacido como Bernardino Scapi cerca de la localidad de Luino (de la que tomaría su nombre), Luini aparece registrado por primera vez en Milán en 1501, donde permaneció activo durante tres décadas hasta su muerte, en 1532. Los documentos sugieren que en torno a los veinte años ya había emprendido su carrera como artista. Además de haber firmado y fechado relativamente pocos cuadros, se conocen pocos datos sobre su vida, por lo que resulta difícil establecer una cronología de sus obras. Hasta donde sabemos, Luini nunca fue pupilo de Leonardo; pertenece, más bien, a la segunda generación de pintores milaneses influenciados por él. Aunque trabajó con igual soldura al fresco y al óleo sobre tabla, Luini fue un muralista nato. En su condición de pintor de frescos, el más solicitado de Lombardía, llevó a cabo numerosos ciclos religiosos para iglesias y conventos de Milán y sus alrededores, culminando con los frescos sobre la vida de Cristo y la Virgen (1525) del santuario de Santa Maria dei Miracoli, en Saronno, y la *Crucifixión con escenas de la pasión* (1529) de la iglesia de Santa Maria degli Angeli, en Lugano. Las decoraciones al fresco que realizó para la casa de la ciudad y la villa de campo de su mecenas, Gerolamo Rabia, fueron arrancadas y actualmente se encuentran repartidas entre Milán, Berlín y la ciudad de Washington.

El problema de su relación con Leonardo es un tema recurrente en la literatura histórico-artística sobre Luini. Giorgio Vasari, al referirse a este último en dos de las biografías de artistas

Fig. 1. Bartolomeo Suardi llamado Bramantino, *Sagrada Familia*, Pinacoteca di Brera, Milán

que componen sus *Vidas* (1568), no lo relaciona con Leonardo, el cual, según el criterio de Vasari, fue quien dio inicio a la era moderna en el arte[2]. De forma análoga, el teórico del arte milanés Giovanni Paolo Lomazzo (1538-92) tampoco establece ninguna conexión entre ambos[3]. Para los críticos posteriores, que sí asociarían a los dos artistas, el genio de Leonardo eclipsó el talento de Luini, excepto durante breves periodos, en los siglos XVII y XIX, cuando la fama de este último había subido como la espuma. El primero en tratar a Leonardo y Luini como maestro y pupilo fue el cardenal Federico Borromeo, el cual, como veremos, poseía obras de ambos pintores. Gran protagonista de la Contrarreforma en Milán, Borromeo también sería el primero en admirar en Luini cualidades espirituales que, para él, trascendían el dominio técnico de Leonardo. A finales del siglo XVIII, los estudios sobre los dos artistas habían avanzado hasta tal punto que Luigi Lanzi, en una amplia investigación sobre la pintura italiana, llegaría a calificar a Luini como el más cercano y aplaudido seguidor del maestro, añadiendo que algunas de sus mejores obras se confundían con las de Leonardo[4]. Fuera de Italia, para Johann David Passavant y Franz Kugler, en los trabajos de Luini se apreciaba una tierna devoción, así como, para Alexis-François Rio, un celo religioso de los que Leonardo carecía[5]. En Inglaterra, mientras tanto, Luini no era muy conocido. De hecho, el principal crítico de arte victoriano, John Ruskin (fig. 2), afirmaría haberlo descubierto él. Luini fue su principal objeto de estudio durante el verano de 1862, cuando, acompañado por el pintor prerrafaelita Edward Burne-Jones, Ruskin viajó a Milán. Allí, él y su discípulo realizaron copias de Luini en acuarela[6], las cuales servirían para las cromolitografías que fueron publicadas por la Arundel Society y que dieron a conocer a Luini ante un público más amplio. Ruskin lo situó a Luini por encima del veterano maestro al declarar que era «diez veces mejor que Leonardo», por la forma en que captaba el «espíritu vital» del arte[7]. Más tarde, observaría con contundencia que Luini nunca había permitido que su habilidad como artista «estropeara la simplicidad de sus obras o interfiriera en el interés que suscitaba directamente en el espectador»[8].

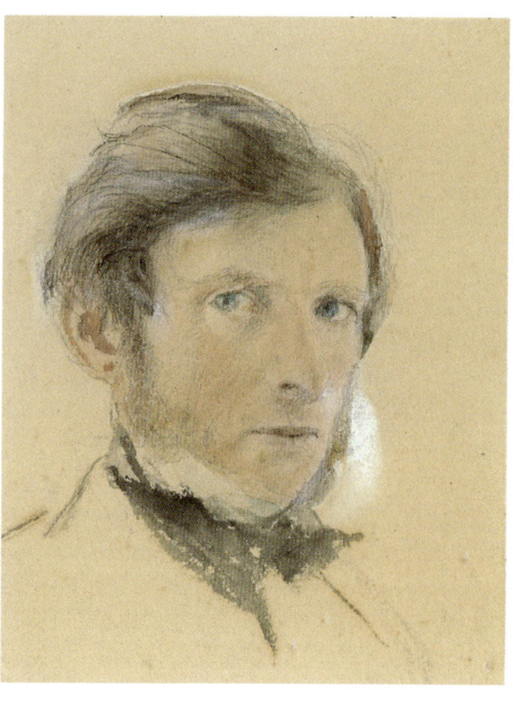

Fig. 2. John Ruskin, *Autorretrato*, 1861, Morgan Library & Museum, Nueva York

El entusiasmo de Ruskin hacia Luini lo apartó de la sombra proyectada por Leonardo. En 1898 se incluyeron nada menos que diez obras del artista en la exposición de maestros milaneses del Burlington Fine Arts Club, y al año siguiente se publicó la primera y única monografía inglesa que existe sobre él[9]. Sin embargo, esta condición de celebridad de la que gozó Luini entre Ruskin y sus lectores duraría poco. Ya en 1907, Bernard Berenson, en un ensayo titulado «North Italian Painters of the Renaissance», denunció que Luini y sus compañeros eran unos imitadores serviles, cuya obra solo tenía interés como reflejo de la de Leonardo[10]. Berenson calificó a Luini como el «menos intelectual de los pintores famosos», en el sentido de que carecía de inteligencia pictórica o de las cualidades que el autor admiraba en otros maestros respecto a la forma, el movimiento y el espacio. Del mismo modo que la moralización de Ruskin había encumbrado a Luini, el enfoque formalista de Berenson lo degradaría a un estatus de segunda categoría. No era solo superficial en su imitación de Leonardo, sino también poco original y repetitivo, como se le recriminaría cuando se empezó a reproducir las obras de los artistas en su totalidad con el uso de la fotografía. Como principal experto y responsable de haber llevado innumerables pinturas italianas a Estados Unidos, la condena de Berenson a Luini y a los demás miembros del círculo de Leonardo resultaría decisiva para relegarlos una vez más a la oscuridad. La reputación de Luini se resintió incluso en Italia, hasta tal punto que el decano de los académicos italianos, Adolfo Venturi, en su estudio de varios volúmenes sobre el arte italiano, también menospreciaría a Luini por su falta de imaginación, al considerar que la obra del artista era monótona[11].

Si bien hay espléndidas obras de Luini que se encuentran repartidas por museos de Europa y Estados Unidos, la mayor parte de su producción sigue estando en Milán y sus alrededores. Así pues, no es de extrañar que las primeras señales de un renovado interés hacia el artista aparecieran en su Lombardía natal. La exhaustiva monografía del arquitecto y académico milanés Luca Beltrami de 1911 no inspiró otros estudios, por lo que hasta mediados del siglo XX la suerte de Luini no mejoraría[12]. En ese momento surgió lo que podría llamarse una estrategia lombarda para rescatarlo del olvido, en forma de otra monografía, acompañada de catálogo, de Angela Ottino Della Chiesa[13]. Ottino, que trabajaba en Brera, el mayor depósito de obras de Luini, lo disociaría de Leonardo para situarlo en un contexto lombardo, pues veía al artista como un hijo predilecto que reflejaba en su arte el carácter y el espíritu de su región. La monografía de Ottino, que ya no lo calificaba ni positiva ni negativamente en relación con Leonardo, se convertiría en la fuente de referencia respecto a Luini. Aunque la investigación de Maria Teresa Binaghi Olivari —que aborda el tema del mecenazgo— también resultó útil[14], serían dos proyectos posteriores, uno de ellos una exposición y el otro una monografía, ambos acompañados de catálogos y desarrollados en Milán, los que concederían finalmente a Luini la atención merecida. La exposición que Giovanni Agosti y Jacopo Stoppa organizaron en el Palazzo Reale en 2014 y la monografía que la conservadora de Brera, Cristina Quattrini, publicaría cinco años más tarde ofrecen una documentación ejemplar, por lo que se citan repetidamente aquí[15]. Si bien reconocen la importancia de Leonardo para Luini, estos estudiosos ven su obra como una síntesis extraída de muchas fuentes, Bramantino en particular.

Luini no aparece documentado como pupilo de Leonardo, y tampoco existen pruebas de que se diera algún contacto directo entre ellos. Aun así, no cabe duda de que conocía la obra del maestro y estaba al corriente de su presencia en Milán. Nacido en Toscana y considerado florentino, hacia 1482 Leonardo trasladó su actividad a la capital lombarda, donde trabajó como artista e ingeniero en la corte del duque Ludovico Sforza hasta la caída del mecenas, en 1499. Durante este primer periodo milanés crearía dos de sus obras maestras más famosas: *La última cena* del refectorio de Santa Maria delle Grazie y la llamada *Virgen de las rocas*, conocida en sus dos versiones de París y Londres. Tras regresar a Florencia, entre 1506 y 1508 Leonardo sería llamado otra vez a Milán por los nuevos gobernantes franceses de la ciudad. Allí coincidió con Luini hasta 1513, momento en el que Leonardo partió hacia Roma, desde donde se trasladaría a Francia hasta su muerte en 1519.

La habilidad de Leonardo para combinar el arte y la ciencia le distingue de casi todos los demás artistas. Sus investigaciones sobre óptica, anatomía, botánica, geología y muchos otros ámbitos, aplicados al arte, conformaron lo que él llamaría la «ciencia de la pintura». El objetivo de Leonardo como pintor era recrear la naturaleza en toda su diversidad. Un programa tan ambicioso exigía un proceso largo y laborioso, por lo que entre sus obras se cuentan menos de veinte cuadros, algunos de los cuales quedarían inacabados debido a los múltiples intereses de su creador y a su incapacidad crónica para finalizar las tareas. Por otro lado, las obras de Leonardo son el resultado de infinitas revisiones. Conceptualmente densas, estilísticamente innovadoras

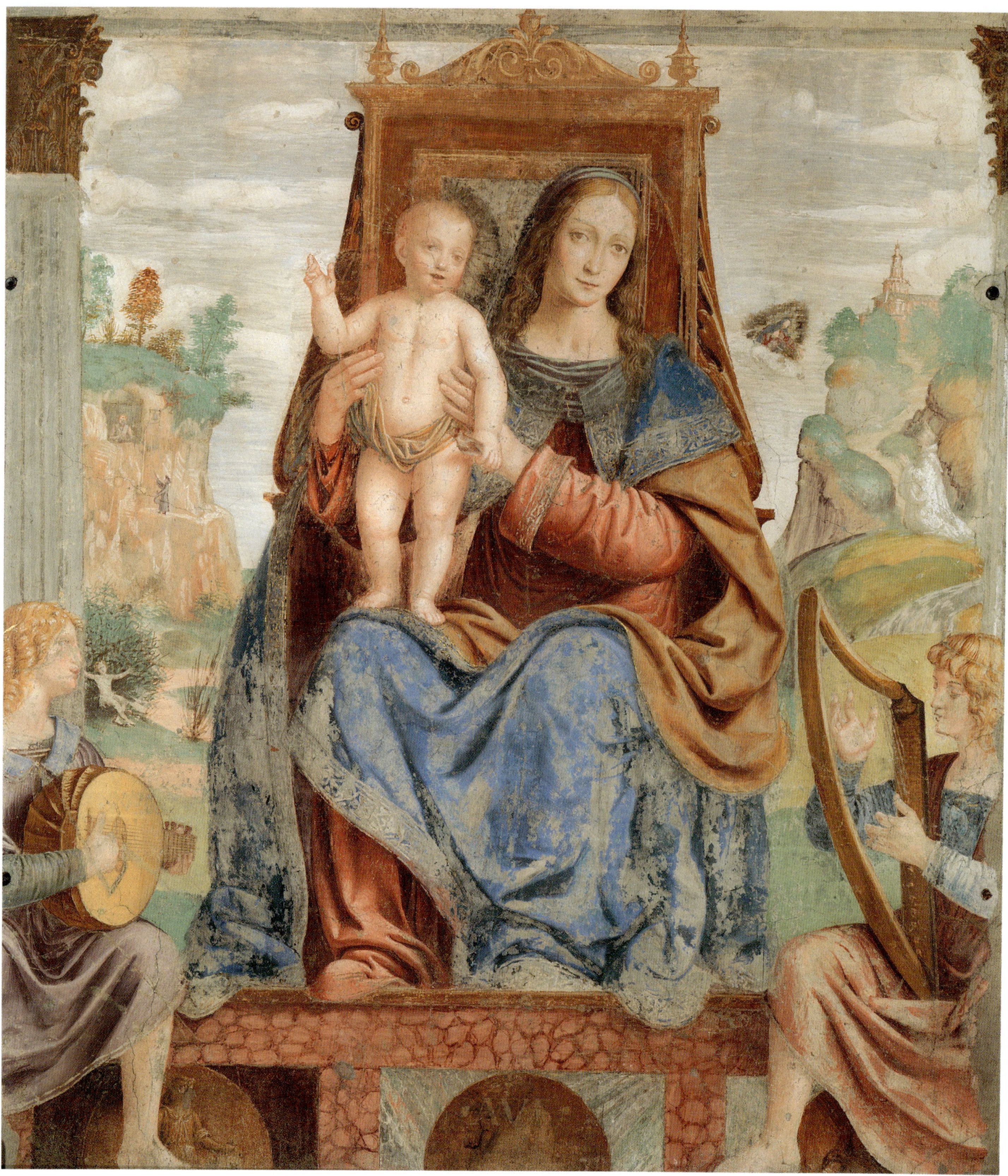

Fig 3. Bernardino Luini, *La Virgen y el Niño en el trono con ángeles músicos*, abadía de Chiaravalle (Milán)

y minuciosamente ejecutadas, funcionan a diferentes niveles y, para ser comprendidas de forma correcta, requieren una observación y un análisis cuidadosos. Aunque pocos en número, los cuadros de Leonardo ejercerían una profunda influencia en sus contemporáneos.

El talento de Luini iba en otra dirección: mientras que Leonardo era un polímata, él era un pintor puro y duro. A juzgar por sus obras, el artista más joven no compartía los amplios intereses intelectuales de Leonardo ni su profunda curiosidad hacia el mundo natural. Sin embargo, en lo que respecta a la pintura, Luini era más versátil y mucho más prolífico pues, al estar acostumbrado al fresco, trabajaba de forma rápida y eficaz. Esa facilidad y capacidad de producción son la antítesis de Leonardo, que se concentraba en unas pocas obras de máxima complejidad. Mientras que para Leonardo cada cuadro era un nuevo comienzo, la economización de Luini implicaba el uso de los mismos elementos combinados de un cuadro a otro. De este modo, Luini y su taller produjeron una gran cantidad de obras de arte que muestran una extraordinaria coherencia en lo que se refiere al estilo y la calidad. Era un profesional consumado, con una soltura que hacía de él la opción ideal para un amplio público de devotos espectadores.

Cada artista tenía sus propios comitentes, según el caso. La excepcional calidad y rareza de las pinturas de Leonardo las convirtió en un tesoro para los amantes del arte tanto en Italia como fuera del país. Ante todo, trabajó para una clientela culturalmente sofisticada compuesta por gobernantes, entre los que se encontraban la cuñada de Ludovico Sforza, Isabel de Este; el hijo del papa Borgia, César; el gobernador francés de Milán, Carlos de Amboise; los sucesivos reyes de Francia Luis XII y Francisco I; y el hermano del papa Médicis, Julián. Todo un elenco para la época. Aquellos que no podían conseguir obras del maestro visitaban su estudio para informar sobre sus progresos con admiración. Aunque aceptaría otros encargos, como la *Mona Lisa*, Leonardo era esencialmente un artista de corte a la manera de Pisanello, su predecesor. El público de Luini no se limitaba a la élite política y cultural, y nada indica que aspirara a los exclusivos círculos sociales e intelectuales en los que se movía Leonardo. Sus obras se dirigían a todos los niveles de la sociedad, desde personas adineradas y con una cierta posición, como el ya mencionado Gerolamo Rabia, hasta cofradías e instituciones religiosas, pasando por los propietarios anónimos de sus numerosas madonas. Tenía don de gentes, y con los encargos que le llovían de todas partes no podemos sino admirar su ingenio para adaptar su arte a las necesidades de su público.

La primera obra documentada de Luini es *La Virgen y el Niño en el trono con ángeles músicos* (fig. 3), fechable en 1512, de la abadía cisterciense de Chiaravalle, cerca de Milán[16]. Situado en la cabecera de la escalera que conduce al dormitorio de los monjes, el fresco es conocido popularmente como la *Madonna della Buonanotte*. La ejecución de esta obra coincidió con un acontecimiento de gran importancia para la abadía, que participó en el concilio cismático de Milán y Pisa. La vida religiosa en la misma se evoca en el paisaje del fondo, donde aparecen san Bernardo, fundador de la orden, arrodillado en oración bajo una vista de la abadía a la derecha, y san Benito en penitencia a la izquierda. Unos acantilados rocosos que albergan episodios de la vida de los santos flanquean a la Virgen y el Niño, los cuales miran impasibles hacia el espectador. La composición, estrictamente simétrica, se extiende hasta los ángeles músicos, uno tocando el laúd y el otro el arpa, que se encuentran en la base del trono. Toda la escena, observada a través de un edículo clásico, está dominada por la Virgen, cuyos voluminosos paños buscan un efecto de monumentalidad.

Aunque los estudiosos han propuesto una serie de influencias para el cuadro, está pintado en un estilo que revela pocas conexiones directas con la obra de otros artistas, si no ninguna. En cambio, el fresco remite a la tradición de los principales maestros lombardos del siglo XV,

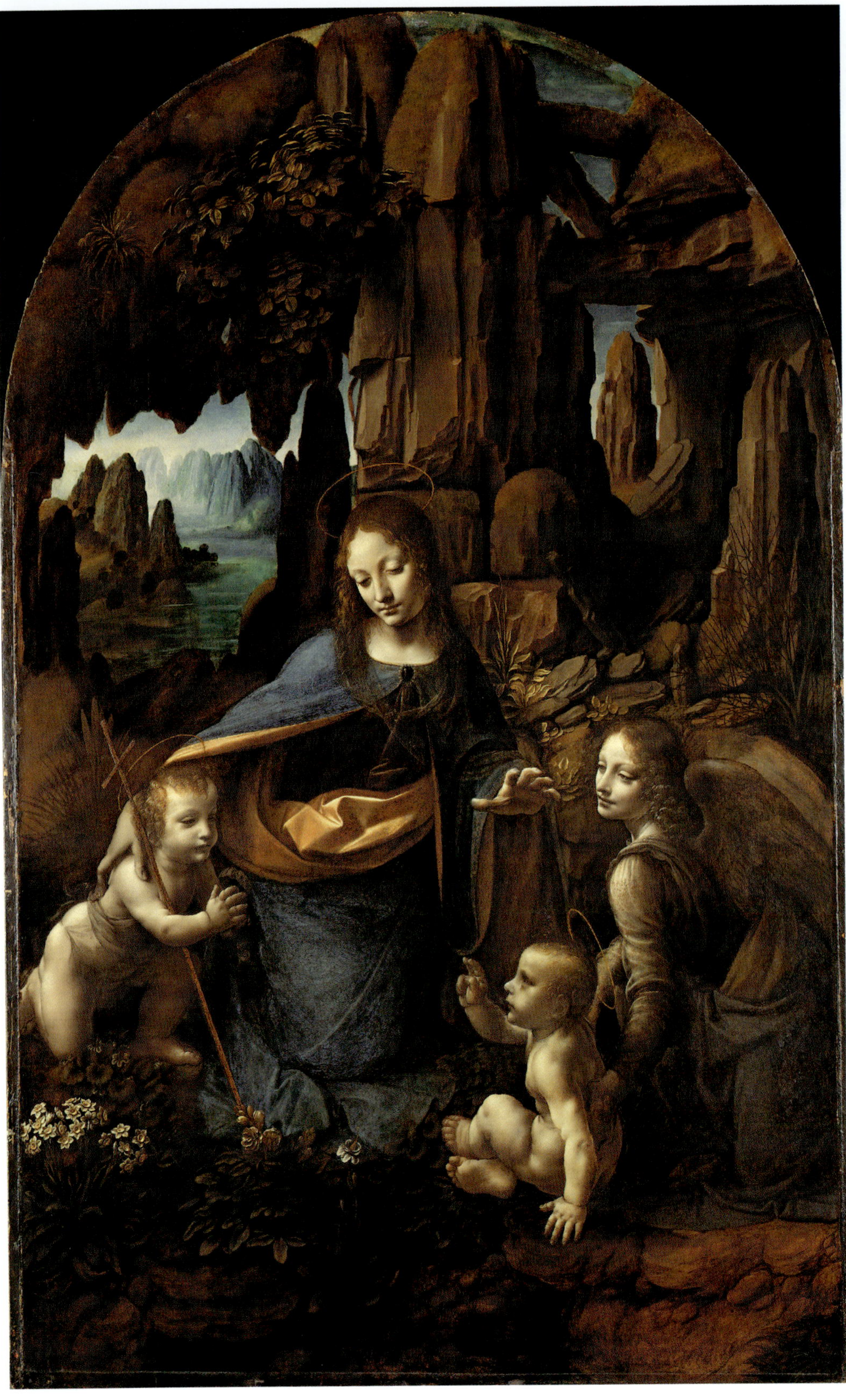

Figs. 4-4a. Leonardo da Vinci y colaboradores, *La Virgen de las rocas*, conjunto y detalle, National Gallery, Londres

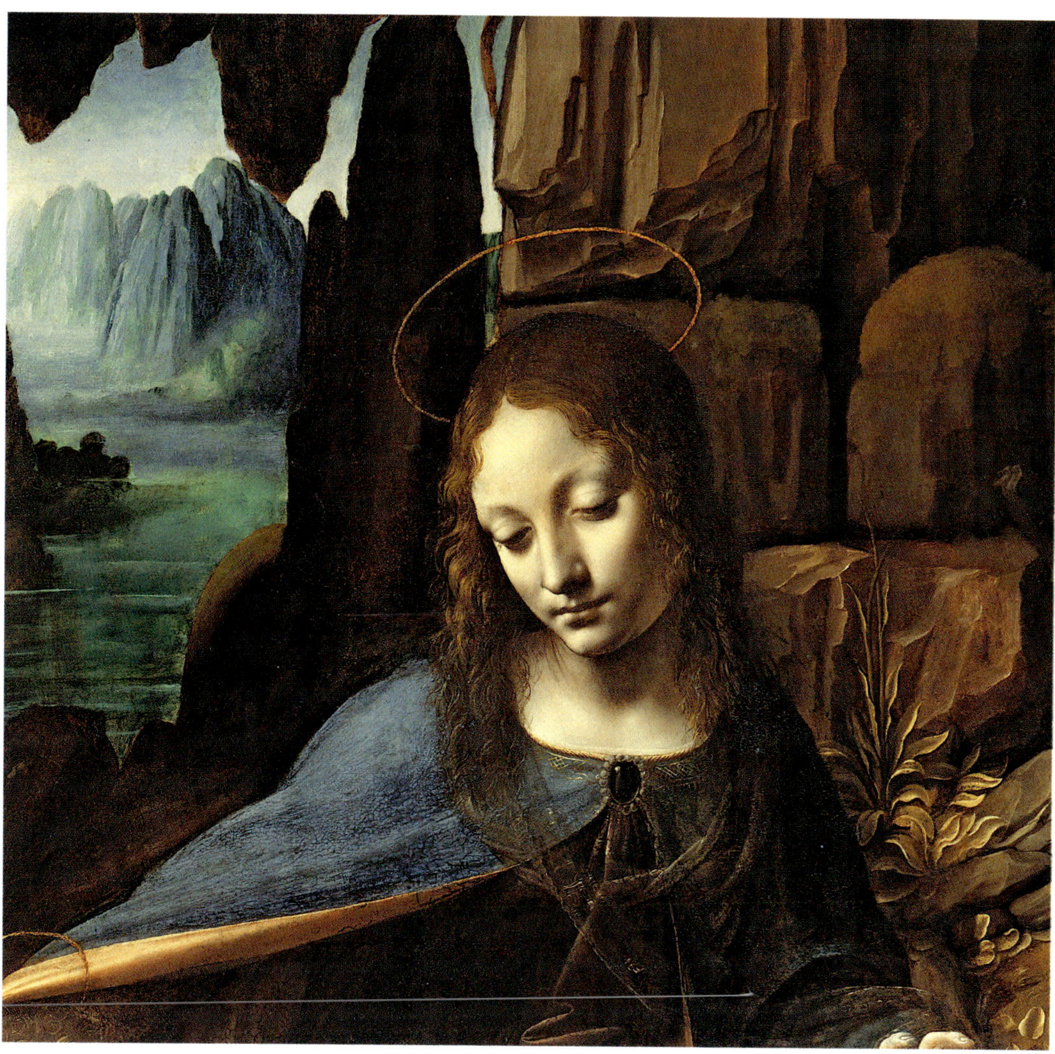

Foppa y Bergognone, los cuales compartían una actitud hacia la naturaleza y la representación que privilegiaba el mundo que los rodeaba, si bien cada uno con un estilo diferente[17]. Sin duda, este punto de vista se adaptaba al propósito de Luini, así como el que encontraría en la pintura lombarda más temprana, unido a un lenguaje sobrio y figurativo. Estos dos elementos —naturalidad y formalismo— parecen haber estado ligados en su mente. Al igual que sus predecesores, Luini abordaba el arte como una extensión del mundo real y les confería a sus figuras un porte digno. El fresco de Chiaravalle, obra de su primera madurez, demuestra esta continuidad con el pasado, al mismo tiempo que su evolución. El tipo facial y la escala imponente de la Virgen recuerdan a Leonardo, por ejemplo, aunque solo sea de manera general.

En ese momento, la distancia entre Luini y Leonardo puede apreciarse si se compara el tratamiento que hace este último de la Virgen, el Niño y el ángel de *La Virgen de las rocas* (figs. 4-4a), actualmente en la National Gallery de Londres[18]. Recién llegado a Milán, Leonardo, junto con los artistas locales Ambrogio y Evangelista de Predis, accedió a pintar un retablo para la Cofradía de la Inmaculada Concepción destinado a su capilla en la iglesia de San Francesco Grande. El acuerdo entre los cofrades y los artistas, fechado el 25 de abril de 1483, estipulaba la realización de una serie de pinturas que se sumarían a un conjunto

Fig. 5. Bernardino Luini, *La Virgen y el Niño con san Juanito*, National Gallery, Londres

de figuras y relieves ya esculpidos. La serie debía incluir un panel central con la Virgen y el Niño, acompañados de profetas y ángeles, y otros paneles complementarios con más ángeles. El contrato preveía también una generosa cantidad de oro para los trajes, así como que los artistas pintaran y doraran el marco y la decoración escultórica. Evidentemente, los comitentes habían concebido un retablo tradicional tanto en cuanto a su forma como a su contenido, por lo que se puede imaginar su consternación cuando Leonardo, ignorando los términos del contrato, produjo la primera versión de *La Virgen de las rocas*, actualmente en el Louvre. Terminado entre 1483 y 1486, el retablo muestra una continuidad con su actividad florentina anterior, esencialmente. Con su representación de un encuentro apócrifo entre el Niño Jesús y el pequeño san Juan en plena naturaleza, el panel central para la pieza de altar de la cofradía debió de parecer desconcertante, no solo por la novedosa agrupación de las figuras —con un esquema piramidal— en un entorno oscuro y cavernoso, sino también por el énfasis puesto en el patrón de Florencia. No es de extrañar, por tanto, que cuando Leonardo y Ambrogio les solicitaron una suma adicional por la pintura, los cofrades se negaran. Al parecer, los artistas retuvieron el cuadro para disponer de él en otro lugar, lo que les obligó a realizar una segunda versión de la composición, que actualmente se encuentra en Londres, para cumplir con el encargo.

Como empresa intelectual, esta pintura de Leonardo ha dado lugar a numerosas interpretaciones por parte de los estudiosos, que siguen debatiendo sobre su significado, por lo que es cuestionable que los cofrades captaran el complejo simbolismo mariano del cuadro. Sin embargo, al parecer, la obra que estos habían considerado inadecuada habría sido solicitada por otro cliente no identificado, posiblemente Ludovico Sforza, a quien los artistas pidieron que interviniera en la disputa. En su apelación, alegaron que los cofrades no estaban cualificados para decidir sobre tales asuntos («los ciegos no pueden opinar sobre los colores»)[19]. Al actuar como árbitro, seguramente el duque les compensaría como era debido por haber creado una obra maestra sin parangón en el arte lombardo. Al fin y al cabo, para algunos mecenas el contenido espiritual de una obra no excluía la apreciación de su belleza.

Los documentos indican que el cuadro de Londres, por lo que sabemos procedente de San Francesco Grande, se empezó a pintar en la década de 1490 y quedó en su estado actual —casi completo— entre 1506 y 1508, cuando Leonardo regresó a la Milán ocupada por los franceses. La pintura permaneció en esa iglesia durante siglos, hasta que la cofradía se disolvió y la vendió. Mientras que los críticos coinciden en que el cuadro del Louvre es totalmente autógrafo, *La Virgen de las rocas* de Londres está considerada en general como una obra ejecutada de forma conjunta por Leonardo y uno o varios de sus colaboradores[20]. Aunque la investigación técnica que precedió al tratamiento de la pintura en 2010 no logró aclarar esta cuestión, sí reveló la existencia de un dibujo preliminar con una agrupación totalmente diferente de las figuras, sin el Bautista, lo que sugiere que en un primer momento Leonardo propuso otra composición para sustituir el cuadro de la cofradía y al final optó por proporcionar una copia en su lugar. También apareció la pintura de base monocromática aplicada por el artista. Parcialmente visible en la superficie, esta primera mano explica en gran medida los tonos grisáceos del encarnado de las figuras y le confiere al cuadro su unidad tonal[21].

Puesto que la cofradía que encargó el retablo estaba dedicada a la Inmaculada Concepción, se ha afirmado que Leonardo realizó varios cambios en el cuadro de Londres para ceñirse a sus deseos. Si bien la atención de los estudiosos se ha centrado en la nueva concepción del ángel (Leonardo omitió el gesto de señalar con el dedo y la mirada hacia el exterior), los pequeños pero significativos ajustes llevados a cabo en todas las figuras les confieren más estatura. Su escala es mayor en relación con la superficie del cuadro y sus vestimentas forman ondas para unirse entre sí. La imagen de la Virgen, en particular, ha ganado en majestuosidad. Sus facciones, aunque

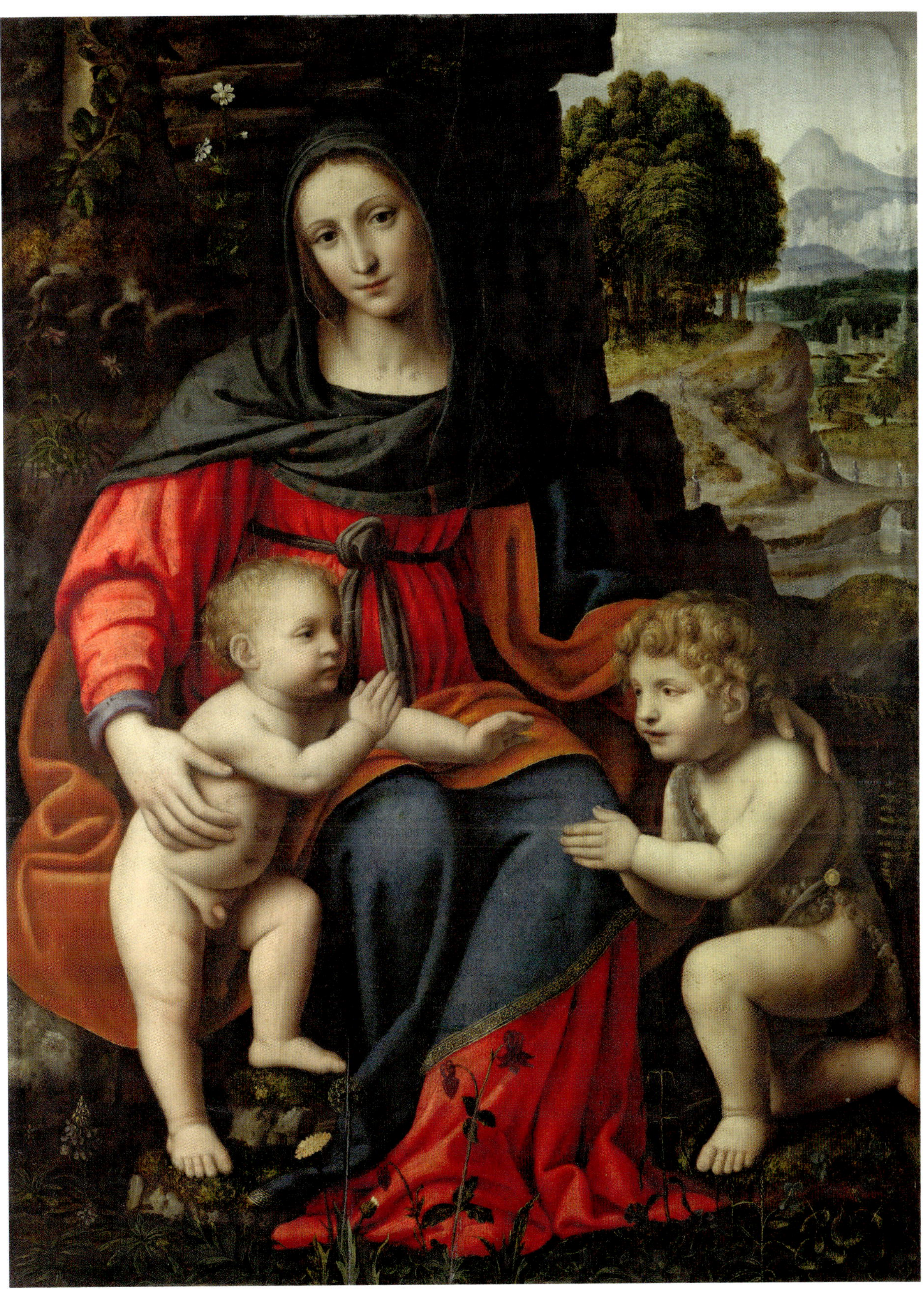

siguen recordando a las de su homóloga de París, han sido modificadas: ya no es esa joven madre, está más seria e introspectiva, al igual que el ángel. En cualquier caso, el cambio más importante tiene que ver con el uso que hace Leonardo del claroscuro. A diferencia del cuadro del Louvre, en este la iluminación modela las formas mediante fuertes contrastes de luz y sombra, con zonas de densa oscuridad que atenúan los colores. El chorro de luz procedente de la parte superior izquierda crea una poderosa sensación de relieve o tridimensionalidad que confiere a los protagonistas, realzados por el fondo oscuro, una cualidad casi escultórica. Al mismo tiempo, el modelado de las figuras muestra una extraordinaria sensibilidad hacia los valores tonales, expresada mediante gradaciones de sombreado extremadamente sutiles. Estos dos aspectos —los contrastes entre la luz y la oscuridad y la gradación de los tonos— bien podrían reflejar las investigaciones científicas de Leonardo sobre la luz y las sombras. En los cuadernos A y C del maestro, que datan de principios de la década de 1490, cuando empezó la nueva versión de *La Virgen de las rocas*, se recogen muchas observaciones pertinentes[22].

Después de la obra maestra de Leonardo, la tabla de Luini de *La Virgen y el Niño con san Juanito* (fig. 5), de tamaño considerablemente más reducido y también en la National Gallery, causa una impresión decepcionante[23]. En esta obra temprana, fechable en torno a 1510, el joven artista insertó elementos del retablo de Leonardo dentro del estilo llano que había heredado del naturalismo lombardo. En la versión de su prototipo, muy simplificada, Luini invierte el grupo de figuras y los acerca al plano del cuadro. La Virgen aparece sentada, en vez de arrodillada, junto a los dos infantes, con Jesús a la izquierda y san Juan Bautista a la derecha. El tipo facial y la inclinación de la cabeza están inspirados en Leonardo, pero no su expresión: con apenas un esbozo de sonrisa, mira directamente al espectador como si quisiera incluirlo en el cuadro. Apartándose también del ejemplo de Leonardo, la Virgen lleva el cabello modestamente tapado con un velo y sus ropas son de colores vivos. Por último, mientras que los niños de *La Virgen de las rocas* se confunden en ocasiones (como sugiere el añadido del báculo del Bautista en la versión londinense), Luini trata de aclarar sus identidades: a la figura de Juan, de más edad y tamaño y con el pelo rizado, le pone su tradicional piel de camello a modo de traje y, a fin de diferenciarlos todavía más, representa a Jesús de pie para que reciba al Bautista, arrodillado ante él. El encuentro entre el Niño Jesús y su primo en el desierto no se recoge en la Biblia, se remonta a una vida de san Juan atribuida al fraile dominico Domenico Cavalca[24] que se representaba con frecuencia en el arte florentino del siglo XV. La popularidad de este tema —que también era uno de los preferidos de Luini— en Lombardía a partir de 1500 se debería sin duda al ejemplo de Leonardo.

Los protagonistas de Leonardo tienen un aire de misterio, así como el paisaje que les rodea. Aunque la gruta podría hacer alusión al inmaculismo, solo les habría podido parecer extraña e inquietante a los cofrades, los cuales, al mirar el cuadro, se veían transportados a otra dimensión. El paisaje es producto de la fantasía de Leonardo y, sin embargo, su conocimiento del mundo natural lo hace parecer real. La flora esparcida en primer plano y las formaciones rocosas, tal vez obra de algún ayudante, no muestran un estudio tan cuidadoso como el de la versión del Louvre, si bien siguen transmitiendo una sensación de realidad gracias a la luz y las sombras en las que están inmersas. Mientras que el escenario de Leonardo parece remoto, el de Luini, por el contrario, evoca el mundo cotidiano del espectador. La misteriosa gruta de *La Virgen de las rocas* se ha reducido aquí a un telón de fondo rocoso sobre el que aparecen los personajes iluminados a la clara luz del día. Detrás de ellos, unas diminutas figuras suben por un camino para atravesar un despeñadero, coronado por frondosos árboles, que domina un valle con una ciudad y montañas azules a lo lejos. Estas convenciones paisajísticas empleadas por Luini contribuyen a que la escena resulte familiar, así como las plantas que rodean a las figuras, que son autóctonas del norte de Italia y tienen significados

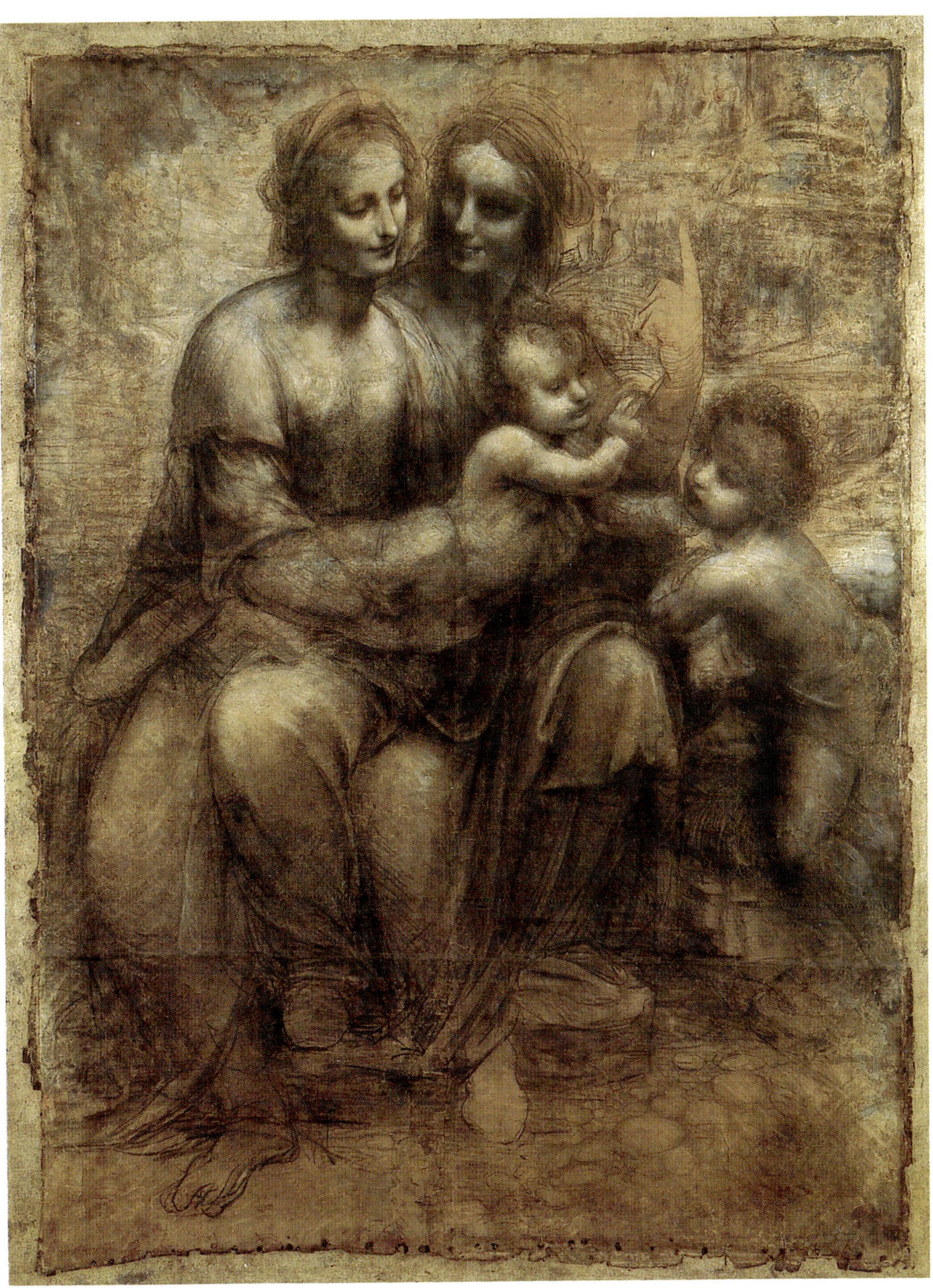

Fig. 6. Leonardo da Vinci, *La Virgen y el Niño con santa Ana y san Juanito*, National Gallery, Londres

simbólicos ampliamente conocidos. El cuadro de Londres muestra su respuesta a *La Virgen de las rocas* en un primer momento, cuando era una novedad. Aunque sin duda estaba al tanto de las innovaciones de Leonardo, en su obra Luini las aplica con cuentagotas. Apropiándose solo de lo necesario para transmitir un contenido espiritual y directo, sin más, consiguió desmitificar la hazaña de Leonardo. Ahora bien, ¿a qué precio? En comparación, sus figuras agarrotadas e inexpresivas parecen inertes, especialmente la Virgen que, con su semblante ingenuo, carece de esa sensación de vida interior que anima todas las creaciones de Leonardo. En manos de Luini, el extremo se ha convertido en un lugar común.

Mientras *La Virgen de las rocas* quedaba inacabada, Leonardo empezó a realizar una composición similar, en la que la madre de la Virgen, santa Ana, sustituye al ángel. Esta obra, que también se encuentra en la National Gallery, es un cartón (fig. 6) o dibujo preparatorio a escala real para un retablo que nunca sería ejecutado[25]. Los contornos del cartón no están pinchados para ser transferidos a tabla, lo que otorga al dibujo el carácter de una obra de arte independiente. El audaz uso que hace Leonardo del carboncillo y la tiza negra con realces en blanco sobre ocho hojas de papel pegadas entre sí crea una imagen convincente, si bien algunos detalles, como las manos y los pies de las figuras femeninas y el paisaje, no están completamente definidos. El artista comenzó a desarrollar el tema de la Virgen y el Niño con santa Ana y el pequeño san Juan tras su regreso a Florencia en 1500, y solo después de numerosos cambios en el dibujo elaboraría el cartón. Su proceso creativo está atestiguado por un rápido boceto a pluma del mismo grupo (fig. 7) que se encuentra en el British Museum de Londres[26]. Tanto en este como en otros bocetos libres, Leonardo experimentó con diferentes soluciones para los problemas que le planteaba la composición. Las recargadas figuras que aparecen en el folio son apenas legibles y sin duda habrían dejado perplejos a los pupilos y seguidores milaneses del maestro, que recurrían al cartón y a otras obras más acabadas en busca de orientación e inspiración.

Al igual que en *La Virgen de las rocas*, la estructura compositiva del cartón es una pirámide con las figuras situadas sobre un saliente rocoso y un paisaje montañoso como fondo. Santa Ana, que simboliza la encarnación, se gira para mirar con cariño a su hija y señala hacia arriba con el dedo para indicar el significado espiritual más profundo que esconde el acontecimiento, presagio de la pasión de Cristo. Con Ana como eje central, las figuras de tamaño casi natural están dispuestas a lo largo de una diagonal que va de la Virgen al Bautista. Sus complejas posturas reflejan lo que Leonardo llamaba los *moti dell'anima*, es decir, los movimientos corporales adecuados para los estados de ánimo de sus personajes. Sentada de lado sobre el muslo derecho de su madre, la Virgen se gira para sostener al pequeño Jesús, mientras este se vuelve en sus brazos para bendecir al Bautista de cabellos rizados que se acerca por la derecha. La forma en que los personajes están combinados en un único grupo cohesionado tiene una marcada cualidad escultórica[27], mientras que su porte extremadamente grácil les da el aire de seres superiores que están representando un drama, cuyo efecto se ve reforzado por el modelado en claroscuro de Leonardo. Con todo, la energía comprimida de las figuras presenta un inconveniente: el resultado no parece espontáneo ni natural. Incluso hoy en día, las cabezas y las piernas yuxtapuestas de las dos mujeres resultan confusas; al parecerse mucho entre ellas, cuesta distinguir la rodilla doblada de la Virgen de la pierna derecha de Ana. Basándose en los esbozos realizados en un momento de inspiración, Leonardo ha logrado el

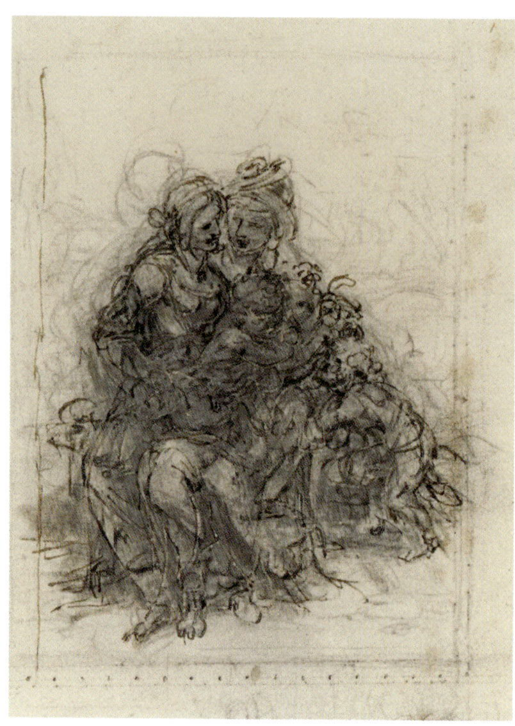

Fig. 7. Leonardo da Vinci, *La Virgen y el Niño con santa Ana y san Juanito*, detalle, Department of Prints and Drawings, British Museum, Londres

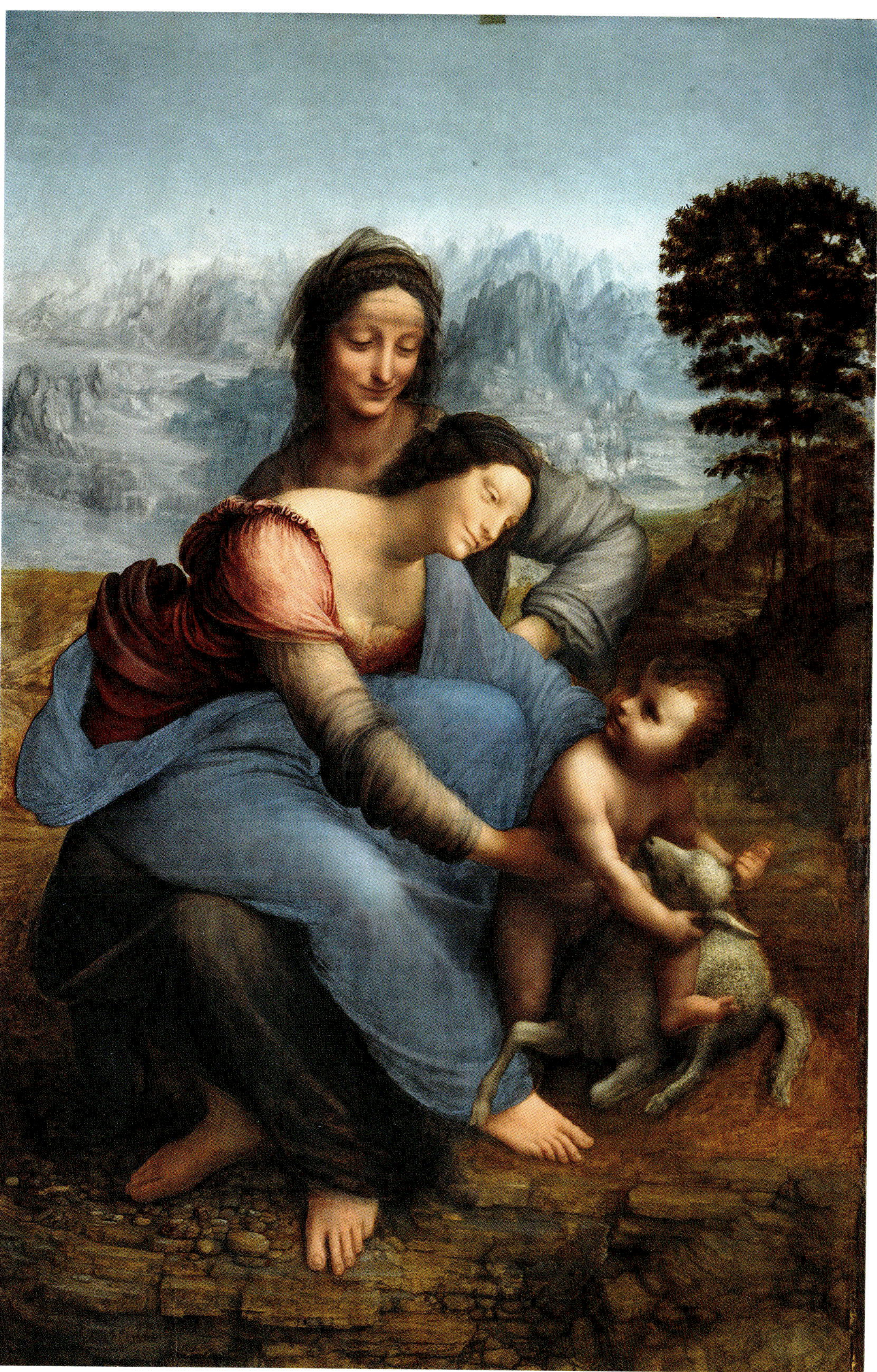

Fig. 8. Leonardo da Vinci, *La Virgen con el Niño, santa Ana y un cordero*, Musée du Louvre, París

máximo *contrapposto*, si bien el cartón se lee más como una proeza en lo que a dinámica figurativa se refiere que como una imagen religiosa con una forma y un contenido fácilmente accesibles para el espectador.

Las dificultades del cartón han sido resueltas en el cuadro de *La Virgen con el Niño, santa Ana y un cordero* (fig. 8) que se encuentra en el Louvre[28]. Esta pintura sobre tabla, algo más pequeña que el cartón, tuvo una larga gestación: Leonardo la comenzó durante su segundo periodo florentino, la continuó en Milán de 1508 a 1513 y la dejó inacabada a su muerte, en 1519. Supuestamente, en Milán estaba trabajando en «dos cuadros de Nuestra Señora de diferentes tamaños» para Luis XII, y los críticos coinciden en que *Santa Ana*, título con el que es conocido, podría ser uno de ellos[29]. La pintura presenta el mismo elenco de personajes que el cartón, con sus hermosas expresiones, excepto el pequeño Bautista, cuyo lugar es ocupado por su atributo: el cordero del sacrificio. Al igual que en el cartón, dentro de un mismo grupo se combinan una gran variedad de movimientos, si bien aquí Leonardo resuelve el precario equilibrio de la anterior obra haciendo que las mujeres se giren en diferentes direcciones. En el centro, Ana mira hacia abajo sonriendo a la Virgen, la cual, sentada en su regazo, se inclina para sujetar al Niño, que intenta montarse encima del cordero. Su postura imita la de su madre en el gesto de agarrar al animal por las orejas, mientras se vuelve hacia atrás para mirarla cariñosamente como si buscara su consuelo o aprobación. Aunque parece festivo, en realidad se trata de un tema terriblemente serio, ya que la acción de Jesús indica la aceptación de su trágico destino.

En el cuadro del Louvre, además de los ajustes en las posturas, la adición de color contribuye a definir la disposición de las figuras. El vestido rosado de la Virgen y el manto azul claro que le cubre las piernas resaltan sobre los apagados tonos grisáceos de las ropas de santa Ana. Leonardo ha sacado a las figuras de las sombras, poniendo el acento en su otro recurso pictórico característico: el *sfumato*. Los estudios técnicos han revelado que esta suavización o difuminación de los contornos la consiguió mediante un lento y reflexionado proceso de capa sobre capa con veladuras apenas pigmentadas y pinceladas extremadamente finas. El cambio a una luz más tenue y a una representación más suave y atmosférica de las formas afecta también al paisaje del fondo, con una amplia cordillera bañada en una bruma azulada que se extiende por detrás de las figuras. Este panorama extraño y fantástico, basado en los estudios geológicos de Leonardo, no delata ningún rastro de presencia humana; es un lugar aparte.

El cartón de Londres y el cuadro del Louvre se sumaban así a *La Virgen de las rocas* (fig. 4) como principales fuentes de inspiración de Luini. El fresco de *La Virgen y el Niño con san Juanito y un cordero* (fig. 9), prestado a largo plazo por Brera al Museo Nazionale della Scienza e della Tecnologia de Milán, supone un avance en su aproximación a Leonardo[30]. Mientras que la anterior adaptación de Luini del retablo de San Francesco Grande puede calificarse de simplista, la pintura de Milán muestra una mejor comprensión a la hora de emplear los modelos de Leonardo en su propia obra. Fechable en la segunda mitad de la década de 1510, el fresco procede del *ospizio* o residencia milanesa de los monjes de la cartuja de Pavía, situada junto a la iglesia de San Michele alla Chiusa. La obra se arrancó de la pared en la que estaba pintada, se transfirió a lienzo y se restauró posteriormente, entre 1990 y 1991. Puesto que el fresco se seca con rapidez y se adhiere a la pared, Leonardo, que trabajaba lenta y reflexivamente, nunca adoptaría esta técnica para la pintura mural. Luini, por el contrario, pintaba de manera sencilla y directa, añadiendo detalles a la superficie cuando el yeso estaba seco. Como con el fresco era imposible crear tonos oscuros saturados, su paleta de colores claros resultaba ideal para la ambientación exterior de esta pintura.

Cuando partió desde Milán hacia Roma en el otoño de 1513, indudablemente Leonardo se llevó consigo las dos representaciones de santa Ana, lo que obligó a Luini a confiar en su

Fig. 9. Bernardino Luini, *La Virgen y el Niño con san Juanito y un cordero*, Pinacoteca di Brera, prestada al Museo Nazionale della Scienza e della Tecnologia, Milán

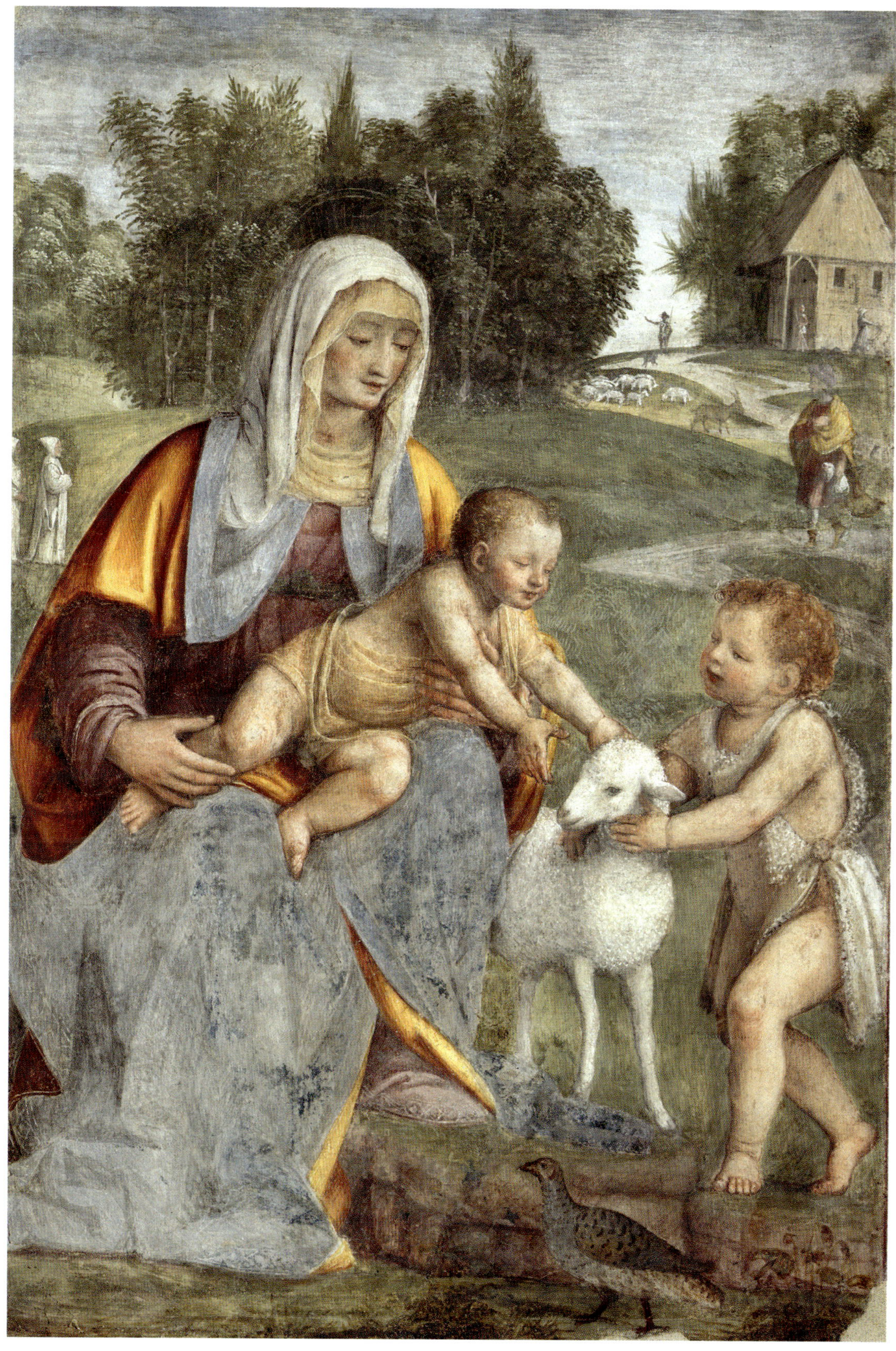

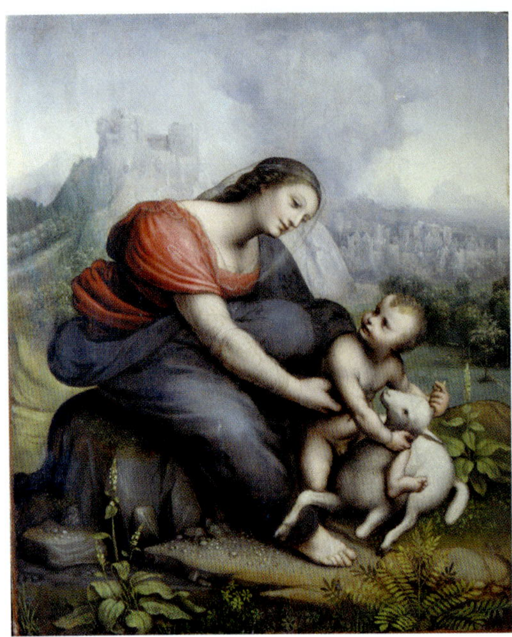

Fig. 10. Cesare da Sesto, *La Virgen con el Niño y un cordero*, Museo Poldi Pezzoli, Milán

recuerdo del cartón y del cuadro que, al parecer, había visto en el estudio del maestro. El tema del cuadro de Luini es, una vez más, el encuentro de la Sagrada Familia con el pequeño san Juan a la vuelta de la huida a Egipto. Las figuras, organizadas en diagonal hacia la parte inferior derecha, están tomadas de Leonardo. De manera similar a este, Luini sitúa a sus protagonistas en un saliente rocoso cercano al plano del cuadro y añade al fondo a José con barba y vestido de malva y dorado, como la Virgen. Esta disposición es el resultado de la deconstrucción del cartón y la pintura, un proceso que corrobora la creciente habilidad del artista en el uso de las fuentes. El primer paso fue eliminar a santa Ana, que no formaba parte de la idea de Luini. Otro seguidor milanés de Leonardo, llamado Cesare da Sesto, también omitiría esta figura en su versión (fig. 10) de la tabla del Louvre que se encuentra en el Museo Poldi Pezzoli de Milán[31]. Sin embargo, mientras que Cesare copió al pie de la letra los demás personajes de Leonardo, Luini los adaptó libremente a su propósito. Combinando sus modelos, Luini incluye en un mismo cuadro al pequeño Bautista y al cordero[32]. En su formulación, la Virgen, sentada en posición vertical, sostiene al Niño que tiende la mano con entusiasmo hacia el cordero, sujetado por el pequeño san Juan. Leonardo suele mostrar al animal doblándose bajo el peso del Niño, mientras que el de Luini espera simplemente a que este se monte encima de él. En todo el grupo principal, el artista más joven evita el *contrapposto* de Leonardo en favor de acciones que parezcan naturales y sin afectación, y tampoco se da ningún intercambio de miradas extasiadas.

El buen humor de las figuras de Luini se extiende al paisaje del fondo. En su fuente (fig. 8), la escena, inquietantemente desierta, está desprovista de vegetación salvo por un árbol solitario. En cambio, el paisaje de Luini evoca la campiña lombarda: la Virgen, con la cabeza enmarcada por una arboleda, se encuentra a poca distancia de unas verdes colinas que ascienden hasta una granja; en las cercanías aparece un rebaño de ovejas en representación del cordero del sacrificio, por así decirlo, mientras José se acerca portando una alforja para emprender el viaje junto con el resto de la Sagrada Familia. El cuadro de Luini ofrece así una encantadora viñeta cuyo aspecto devocional –lo que la eleva por encima de lo común– no está marcado por una emotividad exacerbada de las figuras sino por elementos específicos, como las aureolas, la tela con la que la Virgen se cubre la cabeza o la perdiz y la aguileña que simbolizan la pasión, en la parte inferior derecha. La pareja de monjes que atraviesan el paisaje, a la izquierda, hace referencia a los comitentes de Luini, los cartujos, que de ese modo podían verse incluidos en su obra.

En este y otros trabajos de la década posterior al fresco de Chiaravalle, Luini trató de forjar un estilo devocional práctico, que tradujera el figurativismo de Leonardo a un lenguaje lombardo basado en la realidad tal y como se percibe habitualmente. Al hacerlo, el artista popularizó la *maniera* de Leonardo, depurándola de sus complejidades en favor de un estilo que confiriera a sus personajes un sentido de lo cotidiano. Por supuesto, existen numerosos estilos devocionales que varían en función de cada artista y de la época y el lugar en que este haya trabajado. Aunque Luini no es una excepción, su

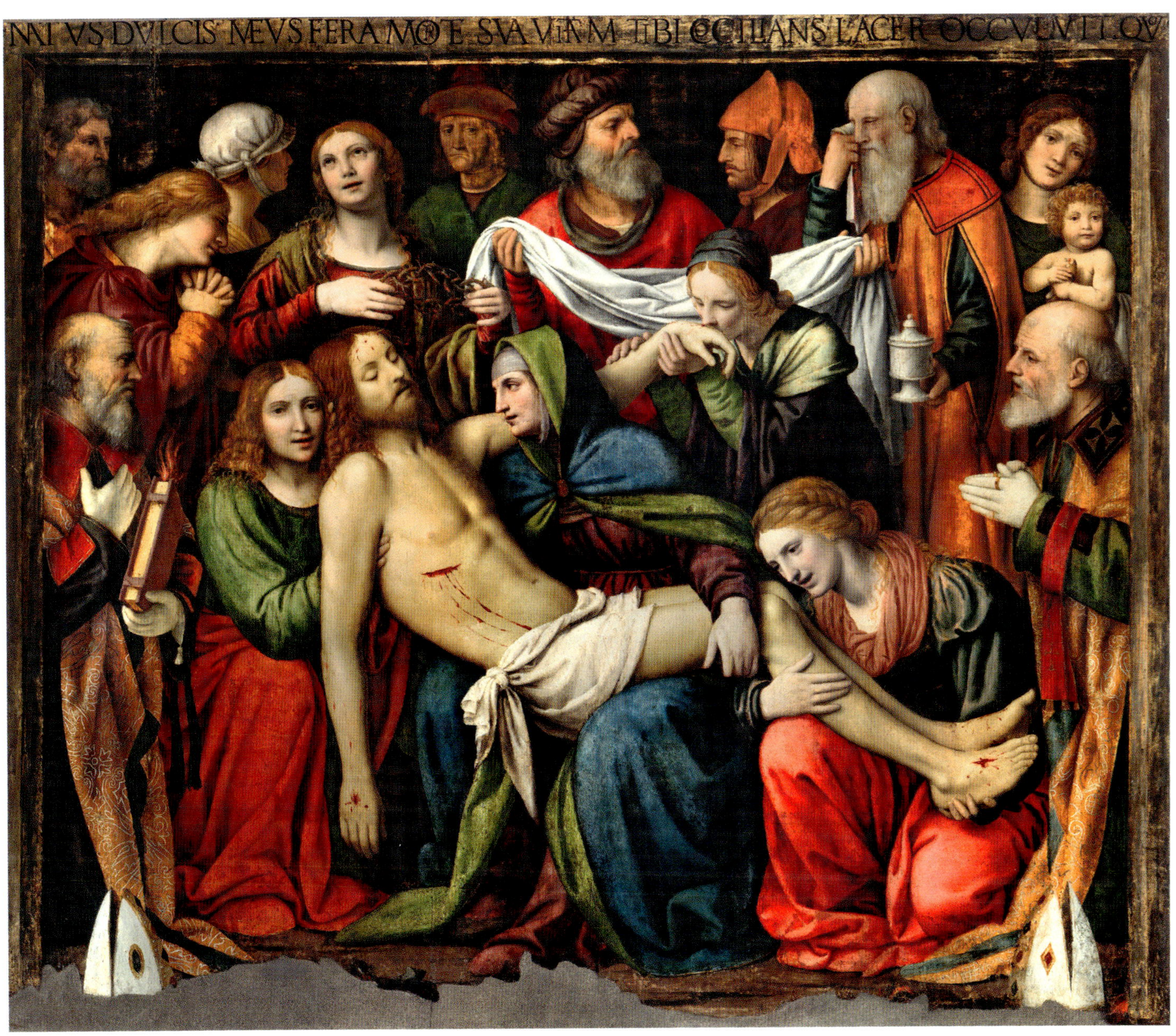

Fig. 11. Bernardino Luini, *Lamentación sobre Cristo muerto*, capilla del Santissimo Sacramento, iglesia de San Giorgio al Palazzo, Milán

estilo no concentra la atención en sí mismo ni en su creador. En contraste con el llamativo arte de Leonardo, las figuras sagradas de Luini parecen francas y sin afectación. Lo que una generación anterior de críticos consideraba incapacidad o falta de imaginación se puede ver como una forma de expresión idónea para el objetivo del artista de comunicar un contenido religioso de forma directa en sus cuadros. Su estilo se dirigía a un amplio sector de fieles, que abarcaban desde los clérigos hasta los lombardos comunes y corrientes absortos en sus oraciones.

Leonardo pintó pocos cuadros que pudieran servir de modelo a otros artistas. Otro factor que limitó su influencia fue el escaso número de temas religiosos que trató: principalmente la Virgen y el Niño, con o sin otras figuras, pero sin escenas de la pasión de Cristo, salvo *La última cena* y una representación de medio cuerpo de Cristo cargando con la cruz, que habría llegado a ser un cartón[33]. No obstante, los artistas de Milán, al igual que los de otros lugares, se veían obligados a representar todo tipo de temas devocionales, y los relacionados con la pasión requerían una gama emocional que fuera más allá de la quietud de las madonas de Luini. La sobriedad de las obras más tempranas del artista era simplemente inadecuada para expresar el patetismo del sufrimiento y la muerte de Cristo en la cruz. Puesto que el relato de la pasión que recogen los Evangelios era más bien parco, surgió un movimiento religioso que partía de los manuales de oración y de obras devocionales como las *Meditaciones sobre la vida de Cristo* de un franciscano anónimo conocido como el pseudo-Bonaventura o la *Imitación de Cristo* de Tomás de Kempis. Estos y otros textos medievales, en una versión abreviada y traducida, se harían enormemente populares. Las nuevas y vívidas escenas se centraban en la humanidad de Cristo, más que en su divinidad, e instaban a los creyentes a empatizar con su difícil condición. El clima creado por estos textos dio lugar a una nueva clase de imágenes visuales que facilitaban la devoción particular al establecer una relación más íntima entre Cristo y los fieles.

Andrea Solario (hacia 1465-1524), contemporáneo de Luini y mayor en edad, destacaría en este campo. Procedente de una familia lombarda de escultores y arquitectos y especialista en pintura, Solario estuvo brevemente activo en Venecia antes de volver a trabajar para los nuevos gobernantes franceses de Milán. Su encargo más importante fue una decoración al fresco para el cardenal Jorge de Amboise, que quedó destruida durante la Revolución Francesa. La contribución de Solario al desarrollo del arte devocional en Lombardía tuvo una importancia fundamental para Luini. De hecho, las obras de ambos en esta línea se han confundido a menudo. En una serie de representaciones de medio cuerpo del ecce-homo, Cristo llevando la cruz y Salomé con la cabeza del Bautista, Solario interpretó los tipos iconográficos en consonancia con el lenguaje pictórico de Leonardo en lo que se refiere a las poses, los gestos y las expresiones[34]. El *Ecce Homo*

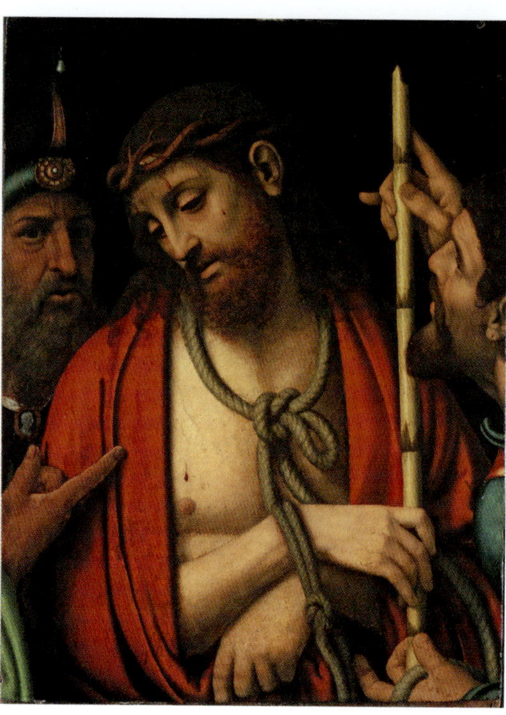

Fig. 12. Andrea Solario, *Ecce Homo*, Ashmolean Museum, Oxford

del artista (fig. 12) que se encuentra en el Museo Ashmolean de Oxford es un claro ejemplo de este planteamiento[35]. Aisladas de un contexto narrativo, las figuras de Cristo y sus adversarios, dispuestas las unas pegadas a las otras, resaltan sobre un fondo oscuro. El dramático primer plano se centra en sus acciones y emociones con el objetivo de despertar la piedad o la compasión en el espectador.

Inspirado por Leonardo, el manejo de los temas devocionales por parte de Solario influiría a su vez en el estilo y la imaginería de las composiciones de medio cuerpo de Luini, así como en uno de sus retablos: *Lamentación sobre Cristo muerto* (fig. 11), que pintó para la capilla del Santissimo Sacramento en la iglesia de San Giorgio al Palazzo, en Milán, y que supone todo un avance en su carrera[36]. Esta tabla casi cuadrada, que todavía se encuentra en una capilla poco profunda del lado derecho de la nave, constituye la pieza central de un ciclo decorativo que el artista completaría en 1516 para Luca Terzaghi, decano de la Cofradía del Santísimo Sacramento, con sede en dicha iglesia. La decoración consta de dos grandes paneles con la *Flagelación* y el

Ecce Homo en las paredes laterales, la *Lamentación* sobre el altar y la *Coronación de espinas* en el luneto situado bajo el fresco ilusionista de la bóveda con la *Crucifixión*. Si bien la fuente de luz es coherente en todo el conjunto, la escala de las figuras y los decorados difieren, por lo que el efecto general, aunque sugiere un retroceso en cuanto a profundidad, no es estrictamente unitario.

En cualquier caso, el esquema de la perspectiva conduce a la *Lamentación*, donde las mujeres dolientes que lloran a Cristo muerto llenan el espacio disponible. Los protagonistas —la Virgen y san Juan sosteniendo el cuerpo de Cristo, en el regazo de ella; María Magdalena a sus pies; tres santas, una de las cuales está sujetando la corona de espinas; y Nicodemo y José de Arimatea, mostrando el sudario y el vaso de ungüentos de su entierro— están representados a tamaño natural, lo que establece una conexión con el espectador. Flanqueando el grupo central se encuentran dos santos obispos, arrodillados de perfil, que han sido identificados como Agustín, a la izquierda, y Ambrosio, a la derecha. Al igual que nosotros, son testigos del acontecimiento mientras Juan, mirando hacia fuera, busca la mirada del espectador para atraerlo hacia la pintura. Detrás de las figuras principales se observan las cabezas de varios transeúntes, ajenos a la acción que se desarrolla en primer plano. Si bien la composición de Luini, repleta de figuras que se elevan verticalmente en lugar de retroceder en el espacio, ha sido criticada por incoherente, tiene un principio subyacente: se puede leer como una multiplicación de las imágenes devocionales de medio cuerpo asociadas a Solario. Las figuras de colores brillantes, amontonadas las unas sobre las otras de arriba a abajo, están enfocadas por igual, todas ellas cerca del espectador. Aunque no es ineficaz desde el punto de vista de la devoción, este recurso, que se extiende a todo el cuadro, produce un efecto de claustrofobia. Tal vez por ello, en los otros paneles se han omitido las figuras esquematizadas.

El objetivo de Luini de intensificar el contenido devocional de su retablo puede entenderse también en función de su génesis. Su idea previa para la composición aparece representada en

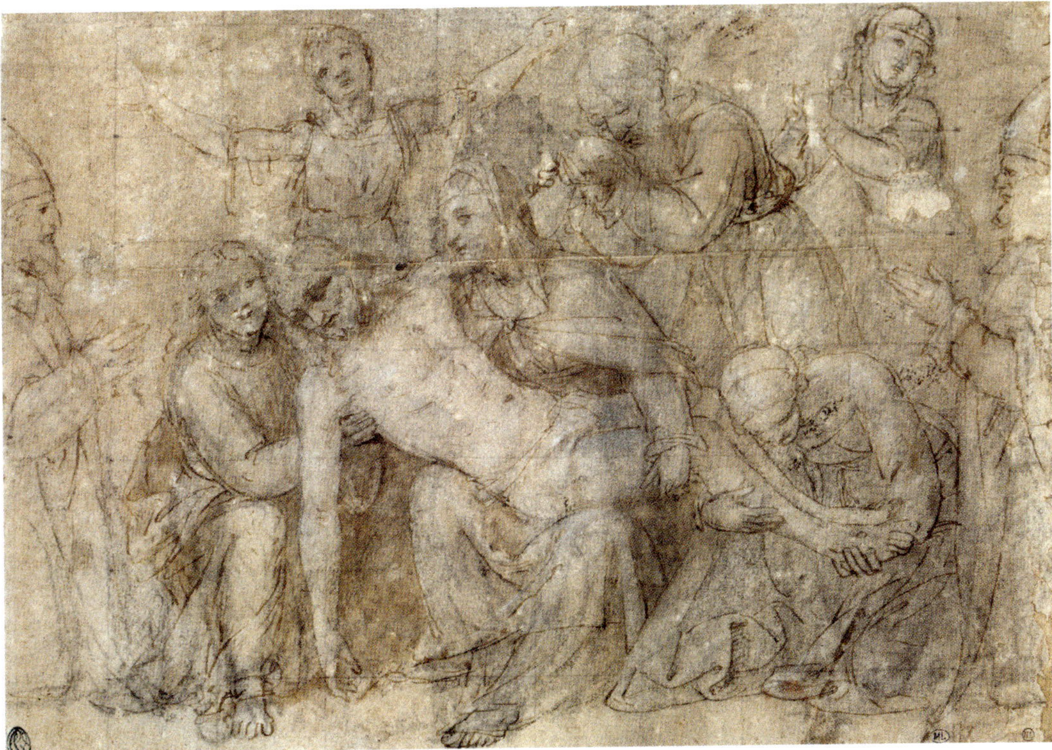

Fig. 13. Bernardino Luini, *Lamentación*, Département des Arts Graphiques, Musée du Louvre, París

un boceto a pluma del grupo principal (fig. 13) que se encuentra en el Louvre[37]. Incluso en esta obra de madurez, el artista no dejó de mirar hacia atrás, a la *Lamentación* de Foppa, por aquel entonces en la iglesia milanesa de San Pietro in Gessate[38]. Al igual que en el dibujo, la cabeza de Cristo cae sobre el brazo suspendido, y ambas obras presentan una figura femenina con los brazos abiertos en señal de desesperación[39]. Sin embargo, la fuente principal de Luini sería un retablo de Solario con el mismo tema (fig. 14) que se encuentra en la National Gallery of Art de la ciudad de Washington[40]. Como en el caso de Foppa, el interés de Luini por la *Lamentación* de Solario se pone de manifiesto al tomar prestados motivos específicos, concretamente la santa que se inclina para examinar las heridas de los pies de Cristo y el afligido Juan que sostiene su torso y mira hacia el espectador. Luini pudo incluso haber conocido algunos de los dibujos preparatorios de Solario para el retablo: el tipo noble del Cristo de San Giorgio se asemeja a un estudio para la cabeza del Salvador realizado por su compañero que se encuentra en el Louvre[41]. Además del repertorio figurativo de Luini, el colorido efecto de los paños rojos, naranjas y verdes que se extienden por el retablo también deriva de Solario. Esta paleta de tonalidades vivas marca la tónica en ambas pinturas. Sin embargo, mientras que el dolor expresado por las figuras de Solario es uniformemente estridente, el registro emocional de Luini es más variado y contenido. La *Lamentación* de San Giorgio también evita la meticulosa representación del detalle de Solario, puesto que Luini no necesitaba esas texturas y superficies tan cuidadosamente definidas para su propósito de comunicar un mensaje devocional de forma directa. Está claro que la mayor diferencia entre las dos obras radica en su composición de conjunto. Los personajes de Solario, limitados en número y nítidamente separados, están dispuestos sobre una plataforma rocosa delante de un paisaje panorámico, mientras que la abigarrada composición de Luini renuncia a esta amplitud espacial. Alrededor del grupo central, muy compacto, aparecen numerosas figuras de medio cuerpo en una estrategia compositiva que

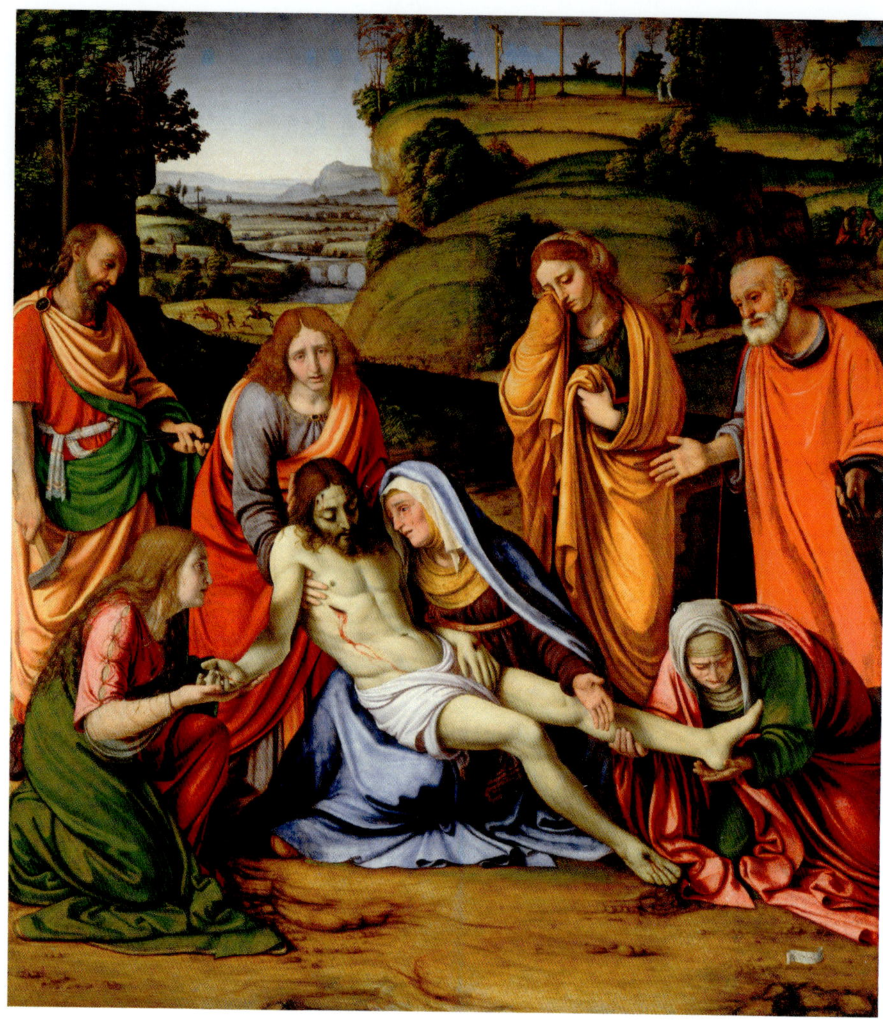

Fig. 14. Andrea Solario, *Lamentación*, colección Samuel H. Kress, National Gallery of Art, ciudad de Washington

solo puede calificarse de experimental. Aunque resulta significativo que Luini nunca la repitiera, sí regresaría a sus protagonistas una y otra vez. Un notable ejemplo de ello es la reutilización de los brazos de Cristo, adaptados a la figura yacente del patriarca desnudo en su *Embriaguez de Noé* de Brera[42].

La densamente poblada *Lamentación* de San Giorgio requería una simplificación por cuestiones de claridad narrativa. El retablo de Luini (fig. 15) que representa el mismo tema a menor escala, perteneciente a la colección Kress del Museum of Fine Arts de Houston, logra admirablemente ese objetivo[43]. Aunque entre los estudiosos ha habido debate sobre si se trata de una obra anterior o posterior a la otra *Lamentación*,

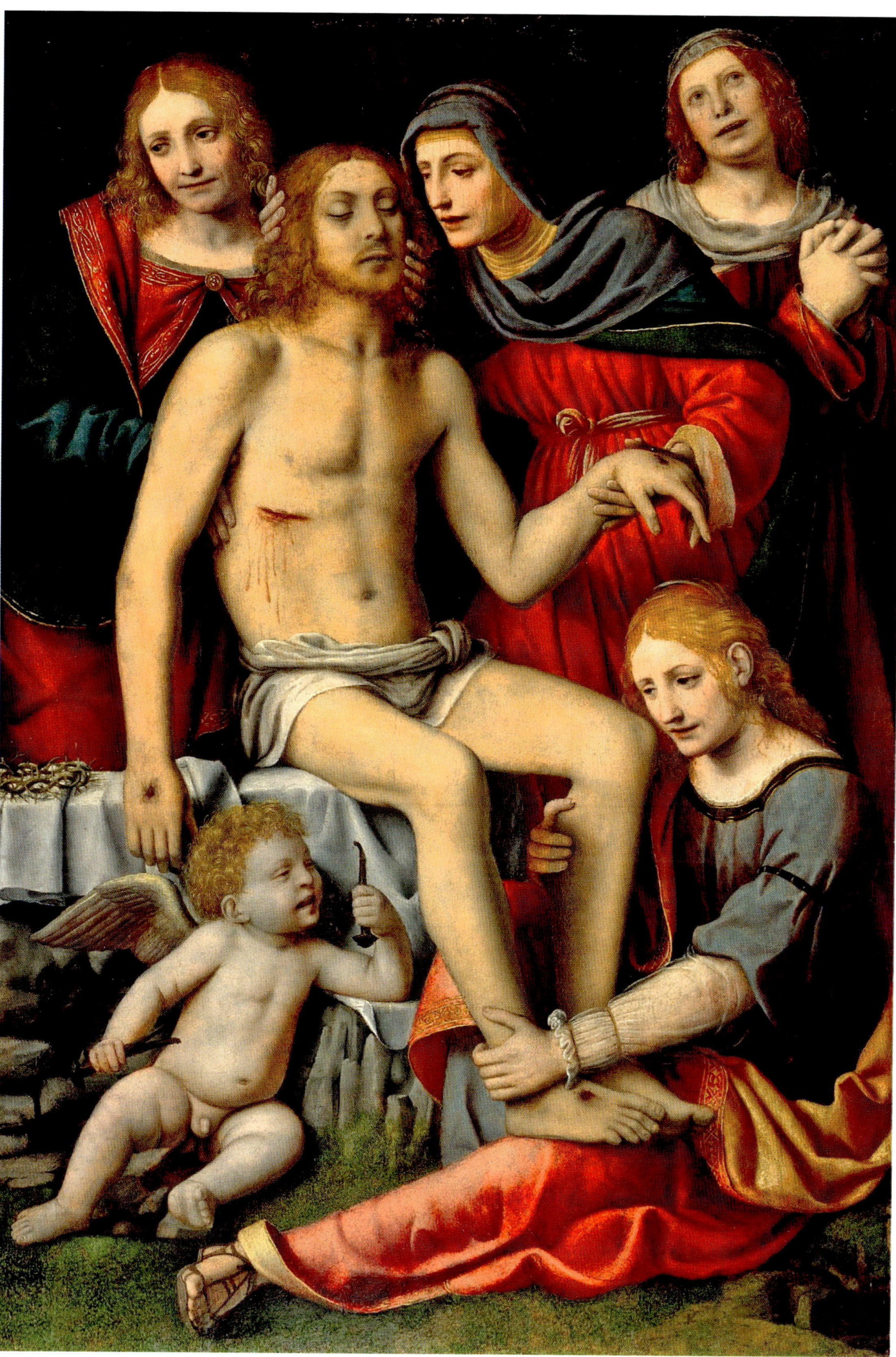

Fig. 15. Bernardino Luini, *Lamentación*, Museum of Fine Arts, Houston

la mayor unidad y legibilidad de la tabla de Houston apuntan a una fecha ligeramente más tardía[44]. La pintura presenta un formato vertical, en lugar de cuadrado, y se han eliminado todos los transeúntes de San Giorgio excepto uno. Al igual que en esa obra, las figuras se acercan al plano del cuadro y aparecen intensamente iluminadas sobre un fondo oscuro. Junto a Jesús, apoyado sobre una roca en el centro de la composición, se encuentran la Virgen y san Juan, que mantienen su cuerpo erguido para que el espectador lo contemple. Sentada en la parte inferior derecha, María Magdalena acoge los pies del Salvador en su regazo, mientras que una tercera mujer doliente actúa como contrapeso de san Juan en la esquina superior derecha. La figura de esta última combina claramente la cabeza y las manos de las dos mujeres de San Giorgio. El gracioso motivo de la Virgen sosteniendo la mano sin vida de su hijo —que destaca entre los gestos acartonados de los demás, como para otorgar a las figuras una especie de autenticidad— también lo toma de la *Lamentación* de mayores dimensiones. A esta disposición sencilla y directa, Luini ha añadido un amorcillo angelical con los clavos de la crucifixión en la mano. El amorcillo alado, que mira atentamente los llamados instrumentos de la pasión (como la corona de espinas que descansa sobre el sudario), podría ser una invención del propio Luini, que era aficionado a estas criaturas. Carolyn Wilson ha relacionado este motivo con la reliquia del Santo Clavo que se encuentra en la catedral de Milán[45]. Aunque se desconoce la ubicación original del cuadro, dado su tema es posible que fuera realizado para la capilla de una cofradía dedicada al Corpus Christi, como el retablo de San Giorgio, de mayor tamaño.

Si la *Lamentación* de Houston es posterior al retablo de San Giorgio, el tercero de una secuencia de tratamientos progresivamente reducidos del tema sería una *Piedad* hasta ahora desconocida (fig. 16), que se publica aquí por primera vez. La atribución de esta obra recientemente descubierta a Luini queda atestiguada por su parecido en cuanto al estilo y la iconografía con la *Lamentación* documentada en la capilla del Santissimo Sacramento de Milán. Compuesta por un único tablón de madera de 40,3 × 49,6 cm, la pintura conserva sus dimensiones originales excepto por el borde inferior, donde unas marcas de sierra y algunas pequeñas pérdidas sugieren que fue reducido en algún momento en el pasado. La restauración llevada a cabo en 2005 eliminó una mano de barniz amarillento que oscurecía las capas de pintura subyacentes, las cuales resultaron encontrarse en buen estado. Las figuras, que se muestran de medio cuerpo, están dispuestas en un formato horizontal. Como en las dos lamentaciones anteriores, estas se acercan al plano del cuadro y aparecen fuertemente iluminadas sobre un fondo oscuro, también desprovistas de aureolas. La Virgen, que lleva una túnica azul y verde oscuro y un tocado azul claro sobre un velo transparente, mantiene a su hijo erguido mientras el joven san Juan, con una túnica roja en contraste, mira hacia la derecha. Las dos figuras han intercambiado los lugares que ocupaban en las composiciones anteriores. La cabeza del Salvador, que no lleva corona de espinas, está inclinada hacia la izquierda y caída, como en el boceto preparatorio (fig. 13) para el cuadro de San Giorgio, y los brazos cuelgan a los lados.

La *Piedad*, despojada de personajes secundarios y de detalles superfluos, sintetiza el tema de la *Lamentación* hasta reducirlo a su esencia. En un primer plano muy cerrado, los acompañantes de Cristo empujan su cuerpo sin vida hacia el espectador, lo que aumenta la respuesta emocional de este, pues tiene la oportunidad de escudriñar sus rostros. A diferencia de los angustiados dolientes de las lamentaciones anteriores, la Virgen y san Juan muestran aquí una tierna compasión o preocupación. Con su apagada expresión de dolor, la imagen actúa sobre el piadoso observador más como un consuelo que como un impulso para compartir el sufrimiento de Cristo. Es evidente que la interacción con el espectador era de gran importancia para Luini, y aunque el comitente del cuadro sigue siendo desconocido, es de suponer que estaba destinado al culto privado y a la meditación en una casa o celda monástica.

Fig. 16. Bernardino Luini, *Piedad*, colección particular

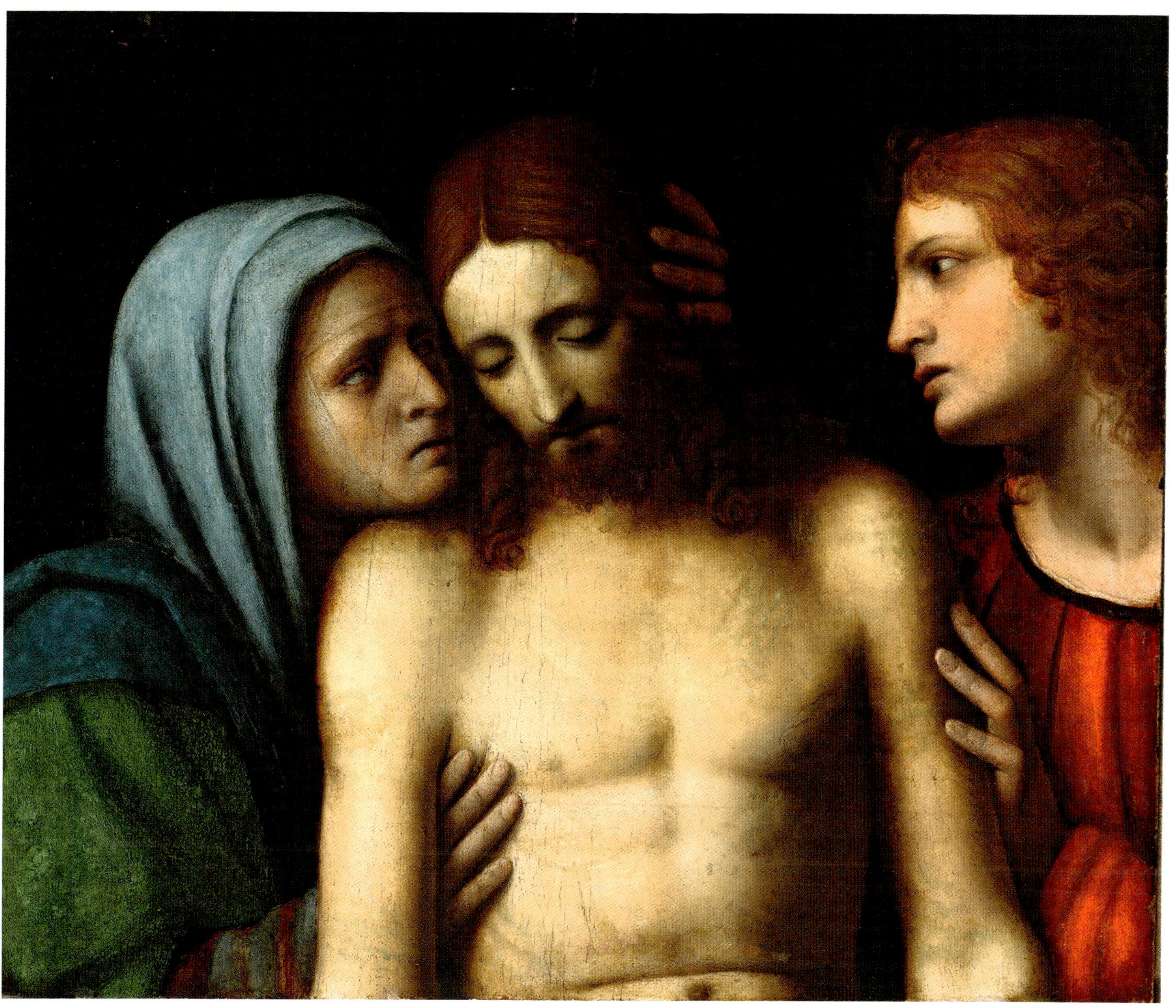

Como destinataria de las oraciones del donante, la *Piedad* era algo más que un extracto de la *Lamentación*. Sencilla a nivel formal pero rica en contenido temático, la tríada espiritual de la Virgen, Cristo y san Juan también evocaría la *Crucifixión*, en la que María y Juan aparecen de pie a ambos lados de la cruz. Asimismo, con su figura del Cristo muerto erguida, la composición de Luini alude a la tradicional *imago pietatis* (el varón de dolores). La compleja iconografía que subyace en el cuadro se extiende al motivo de la Virgen abrazando a Cristo, que recuerda al tipo bizantino de la eleusa, en el que sostiene al Niño de forma similar. Al igual que María, Juan se uniría al icono del varón de dolores en una fecha temprana, y existen numerosas representaciones de este grupo de tres figuras en la pintura devocional lombarda, incluido el pináculo del retablo de *San Jerónimo* de Bergognone (hacia 1495-1500) que se encuentra en Brera[16]. No obstante, la pintura de Luini renuncia a las lágrimas, las heridas y las gotas de sangre que tipifican estas

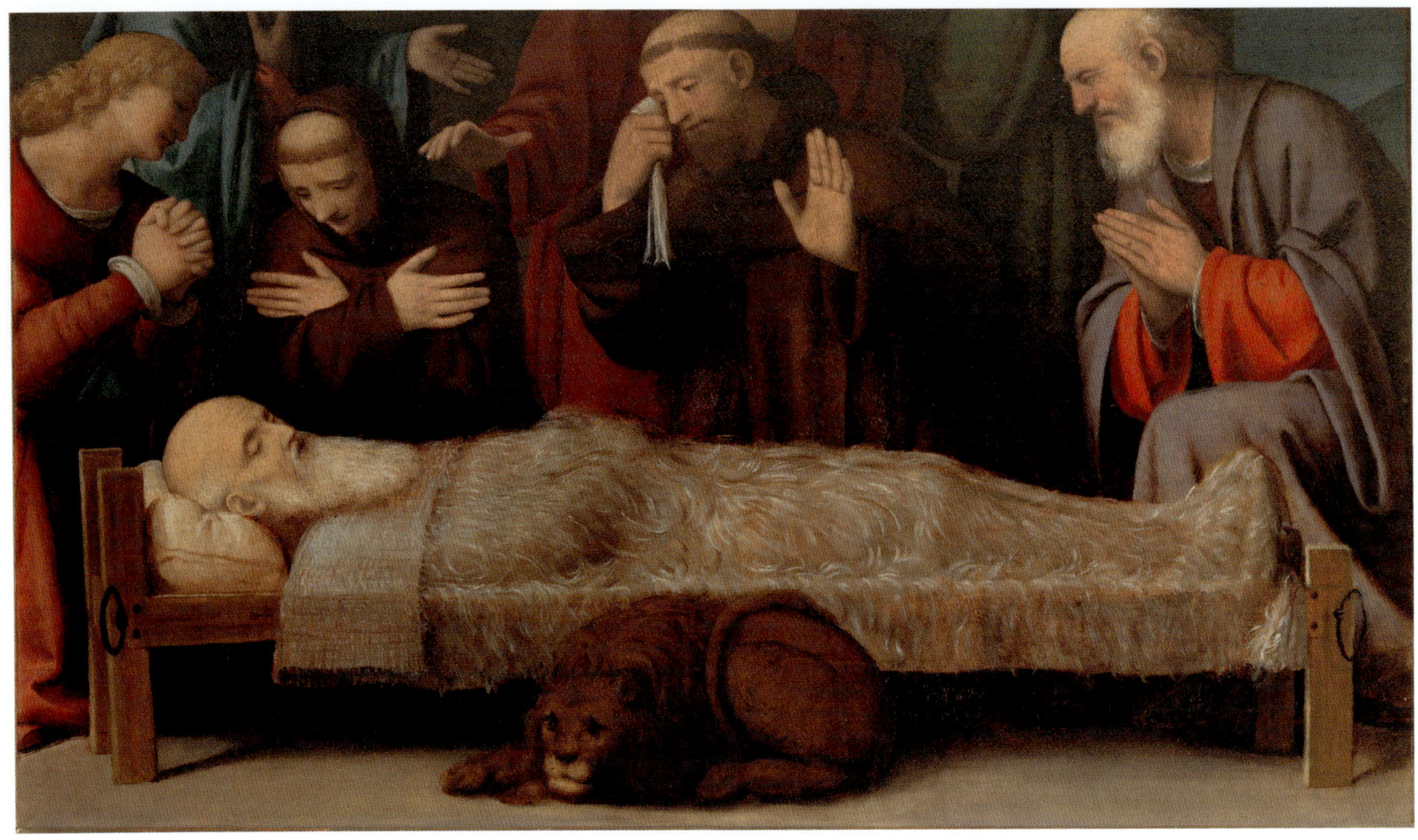

Fig. 17. Bernardino Luini, *La muerte de san Jerónimo*, panel de la predela del retablo dedicado a san Jerónimo, catedral de Como

Fig. 18. Bernardino Luini, *Crucifixión*, State Hermitage Museum, San Petersburgo

representaciones en favor de un retrato tiernamente íntimo, en el que la Virgen apoya la cabeza en el hombro de Cristo y Juan toca el brazo del Salvador con suavidad. La fórmula de Cristo mirando hacia el exterior y flanqueado por los dolientes adquiere una gran naturalidad por la forma en que aparece la figura de Juan, bruscamente cortada, como si acabara de llegar a la escena. Su emotivo perfil recuerda al del ferviente Felipe que está sentado a la derecha de Cristo en *La última cena* de Leonardo.

El hecho de que la *Piedad* sea el último de una serie de cuadros sobre la pasión queda confirmado por su parecido estilístico con el retablo que Luini pintó para la capilla dedicada a san Jerónimo en la catedral de Como. En ese políptico aparece el santo, entre otros, rodeando a la Virgen y en la predela, debajo del compartimento principal. Además de estar firmada, es una de las pocas obras de Luini que se puede fechar con seguridad debido a la presencia del donante, Scaramuccia Trivulzio, que sería cardenal durante un breve periodo, entre 1517 y 1518[47]. El panel oblongo de la predela (fig. 17), que representa la muerte de san Jerónimo, toma prestada la figura de una doliente con las manos juntas de la *Lamentación* de San Giorgio y, con su entorno oscurecido y sus figuras sutilmente iluminadas, se acerca especialmente a la *Piedad* en lo que se refiere al estilo. Una vez más, Leonardo es un punto de referencia: la cabeza del ángel músico sentado bajo el trono de la Virgen es una cita directa de *La Virgen de las rocas*. Las cualidades formales y expresivas que vinculan la *Piedad* con el retablo de Trivulzio vuelven a aparecer en la *Crucifixión* de Luini (fig. 18) que se encuentra en el State Hermitage Museum de San Petersburgo[48]. Sin embargo, aquí las discretas sombras de la *Sagrada conversación* han dado paso a un claroscuro más profundo y acorde con el tema. La *Crucifixión* se sitúa estilísticamente entre el retablo de Trivulzio y otra *Sagrada conversación* perteneciente a Brera, de 1521, lo que permite

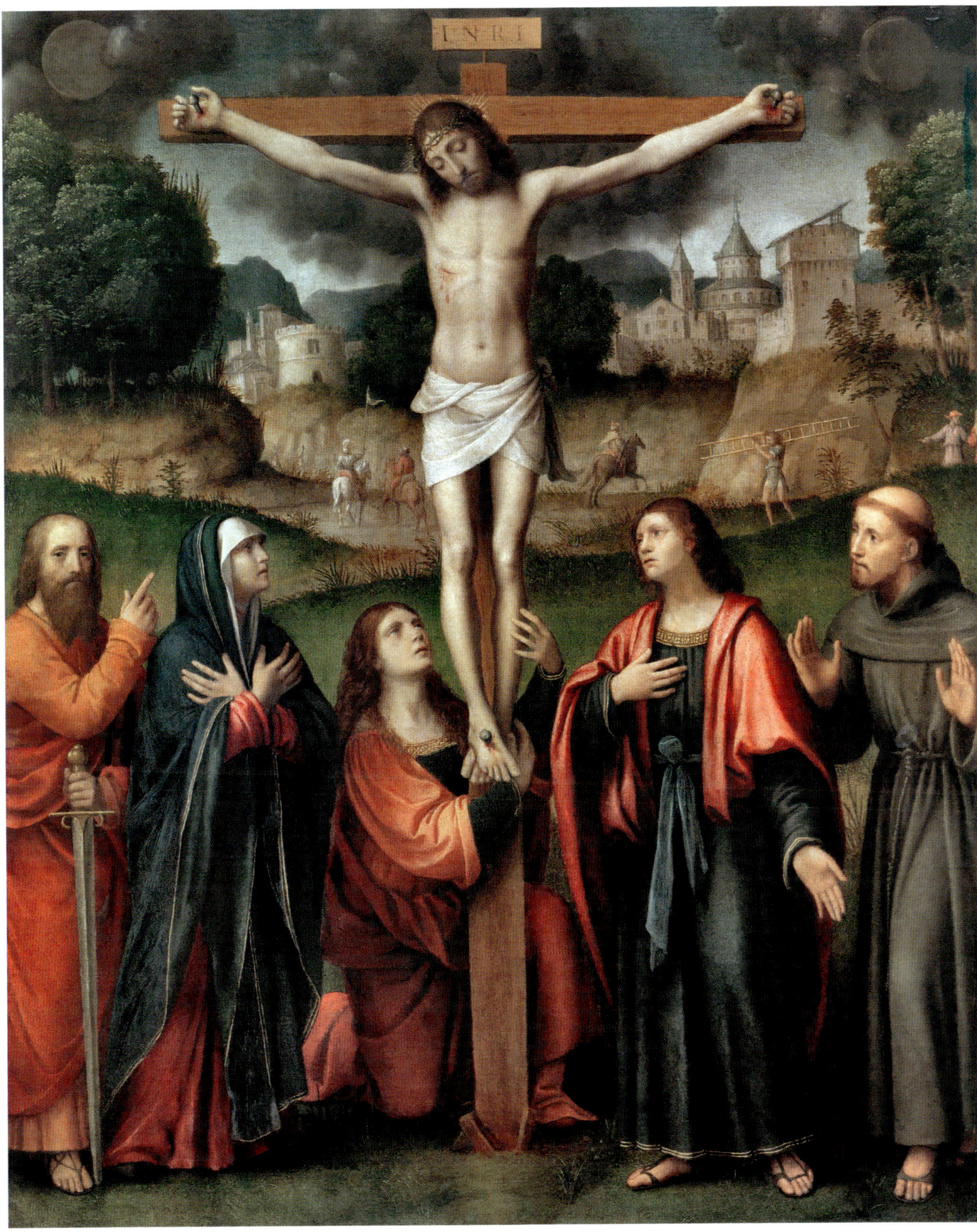
INRI

colocar la *Piedad* a finales de la segunda década de la carrera del artista. Las fisonomías y los gestos que hacen con las manos las figuras de la tabla del Hermitage son casi intercambiables por los de la *Piedad*, así como el ambiente sombrío de ambos cuadros.

Poco después de terminar la *Piedad* tuvo lugar un acontecimiento que marcaría un punto de inflexión en la carrera de Luini. Más o menos en la época de la muerte de Leonardo, que falleció en Francia el 2 de mayo de 1519, sus dos discípulos más cercanos, Gian Giacomo Caprotti llamado "Salai" y Francesco Melzi llevaron de vuelta a Milán una colección de tesoros compuesta por obras del maestro y otras derivadas del mismo. Salai (que significa "diablo") entró a trabajar con Leonardo en 1490, a los diez años de edad. A pesar de su mala conducta (Leonardo diría de él que era un mentiroso, un glotón y un ladrón), el agraciado joven de pelo rizado se convertiría en el compañero del artista de por vida. La razón de su apego, como aclara Vasari, era la fuerte atracción que Leonardo sentía por la belleza física de Salai. En su testamento, el pintor le dejó a su pupilo algunas propiedades en Milán, pero ninguna pintura u obra de arte, lo cual ha sido interpretado como que se trataba de un mero sirviente o ayudante. Sin embargo, su habilidad para la pintura se haría evidente en 2007, cuando apareció en el mercado del arte una versión (fig. 19) del recientemente reidentificado *Salvator Mundi* de Leonardo, firmada por Salai y fechada en 1511[49], y que se encuentra actualmente en la Pinacoteca Ambrosiana de Milán. El canalla murió en 1524, tal vez fusilado, lo cual no sería de extrañar. El inventario de sus posesiones, elaborado al año siguiente, incluye varios cuadros asociados a Leonardo, entre ellos una *Mona Lisa*, un *San Juan Bautista*, una *Leda* y una *Santa Ana*. La alta cotización de estas obras dio pie a la teoría de que se trataba de originales de Leonardo repatriados por Salai[50], si bien otro documento descubierto hace poco afirma que en 1518, cuando Leonardo estaba todavía vivo, Salai recibió una suma muy elevada del rey Francisco I en Milán por un grupo de pinturas que probablemente correspondieran a las obras autógrafas con los mismos títulos que hoy en día se encuentran en el Louvre[51]. Según parece, los cuadros citados en el inventario eran obra de Salai. A falta de los originales, estas y otras copias "oficiales" realizadas en el taller por sus pupilos más cercanos servirían como registro de la obra del maestro.

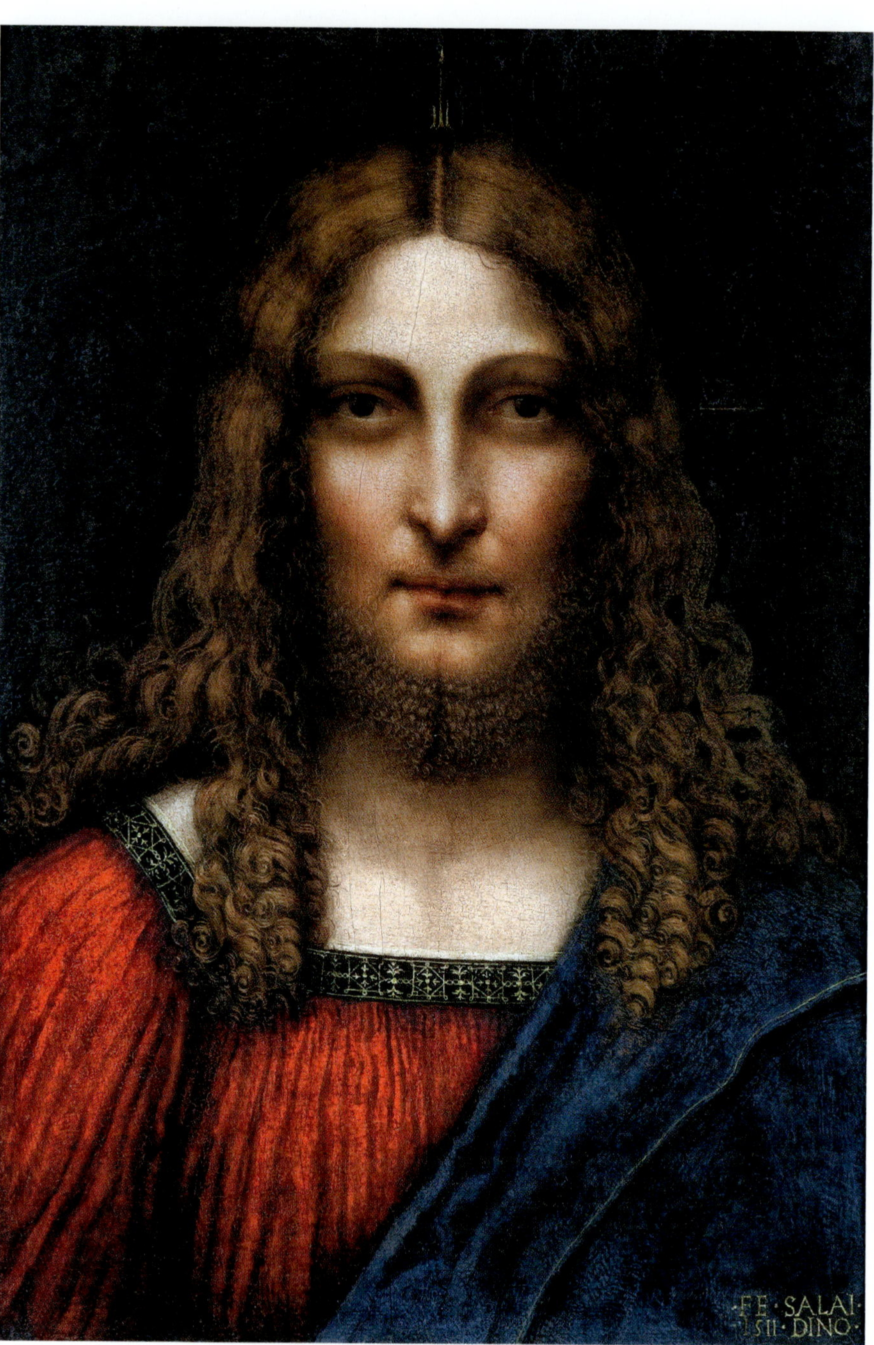

Fig. 19. Gian Giacomo Caprotti llamado Salai, *Busto de Cristo*, Veneranda Biblioteca Ambrosiana, Milán

El pupilo preferido de Leonardo, Francesco Melzi, cuarenta años menor que él, nació entre 1491 y 1493 y murió hacia 1570. Cuando Leonardo regresó a Milán en 1508, la familia de Melzi le encargó la remodelación de su villa en Vaprio d'Adda, al norte de la ciudad. Aunque el proyecto quedó en nada, Leonardo y Francesco desarrollaron una profunda amistad que duraría el resto de sus vidas. Atractivo, como el incorregible Salai, pero mucho más culto, el joven noble también acompañó al maestro en sus viajes a Roma y Francia. En el testamento que hizo poco antes de morir, Leonardo legó a Melzi todos sus manuscritos, dibujos y materiales artísticos[52]. Más tarde el heredero llevaría de vuelta a Milán los cuadernos, que suman miles de páginas, y los dibujos, un poco menos numerosos, para guardarlos en la villa. Allí, Melzi se dedicó a preservar el legado del maestro, organizando el vasto corpus de obras en papel y, con el tiempo, recopilando las notas de Leonardo sobre la pintura bajo el título de *Tratado de la pintura* (*Codex Urbinas Latinus* 1270, Biblioteca Vaticana). También copió varios dibujos de Leonardo, incluidos algunos que no se han conservado. De este modo, la Villa Melzi se convertiría en un santuario dedicado a la memoria de Leonardo, con su antiguo pupilo como guardián de la llama. En 1523 un agente del duque de Ferrara visitó el lugar, donde le mostraron «esos cuadernos de Leonardo, con los estudios anatómicos y muchas otras cosas finas»[53]. En su peregrinaje a Vaprio en 1566, Giorgio Vasari también admiraría los dibujos anatómicos (actualmente en la Royal Library del castillo de Windsor) realizados por el artista para un tratado que tenía proyectado[54]. Sin embargo, ninguno de estos visitantes menciona la obra de arte más destacada que Melzi había heredado, el cartón (fig. 6) de *La Virgen y el Niño con santa Ana y san Juanito Bautista*, quizá porque ya no estaba en su poder.

Incluso antes de convertirse en su propietario, el cartón desempeñó un papel fundamental en la nada prolífica actividad de Melzi como pintor. Su *Joven con un loro*, firmado por él, se encuentra en una colección particular en Milán[55]. Terminado en 1551, mucho después de su época con Leonardo, este torpe retrato de un modelo vestido a la moda de entonces demuestra que la habilidad de Melzi tanto para la pintura como para el dibujo era equiparable a la de un copista o imitador; no tenía imaginación pictórica propia. Al estar tan influenciado por Leonardo, el *Vertumno y Pomona* (fig. 20) del artista que se encuentra en la Gemäldegalerie de Berlín ha tenido mucho más éxito como obra de arte. Firmada con orgullo poniendo su nombre en letras griegas (que han quedado prácticamente borradas), esta pintura impresiona en parte por su escala[56], con sus figuras del mismo tamaño que las del cartón tomado por Melzi como modelo: el dios romano de las estaciones, Vertumno, disfrazado de anciana, intentando cortejar a la bella Pomona. Este relato de las *Metamorfosis* de Ovidio también dio lugar al motivo de la vid que rodea el árbol situado justo detrás de las figuras, el cual simboliza la unión. La Pomona de Melzi, sentada en un saliente rocoso, traduce con eficacia a la forma pintada la figura de la Virgen que aparece en el cartón. El artista conservó el tipo facial y la pose de María, añadiendo el escote del traje y sustituyendo al niño por una cesta de fruta. Las montañas que se observan a lo lejos reproducen un paisaje similar al abocetado en tonos azules y grises por Leonardo. El rostro de Vertumno, que toca suavemente el hombro de Pomona, recuerda, en sentido inverso, a otro dibujo: *Cabeza de anciano de perfil*, firmado dos veces por Melzi y fechado en 1510, actualmente en la Biblioteca Ambrosiana de Milán[57]. El perfil del hombre disfrazado, orientado hacia la derecha en el dibujo, es un tipo característico que refleja el interés de Leonardo por la estructura facial.

Ahora bien, ¿cuándo pintó Melzi *Vertumno y Pomona*? Un folio de doble cara del llamado *Códice Resta*, que se encuentra también en la Ambrosiana, nos proporciona una fecha aproximada. En el anverso del folio se observa el estudio en tiza roja de Melzi para el pie derecho de Pomona, junto con una cordillera esbozada por Leonardo[58]. El estudio preparatorio de Melzi, y por tanto la pintura para la que fue realizado, data de cuando Leonardo estaba vivo. Una fecha más

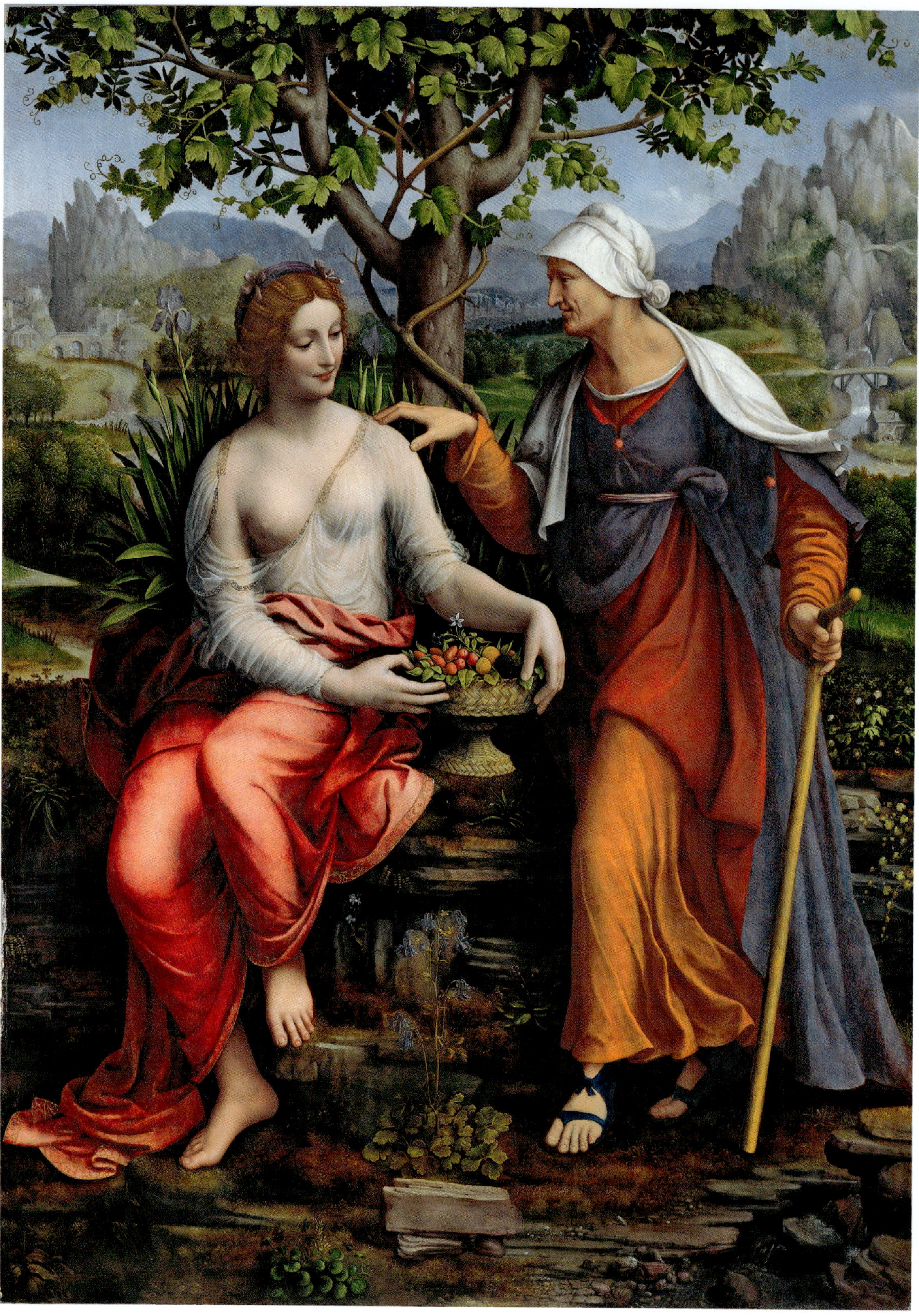

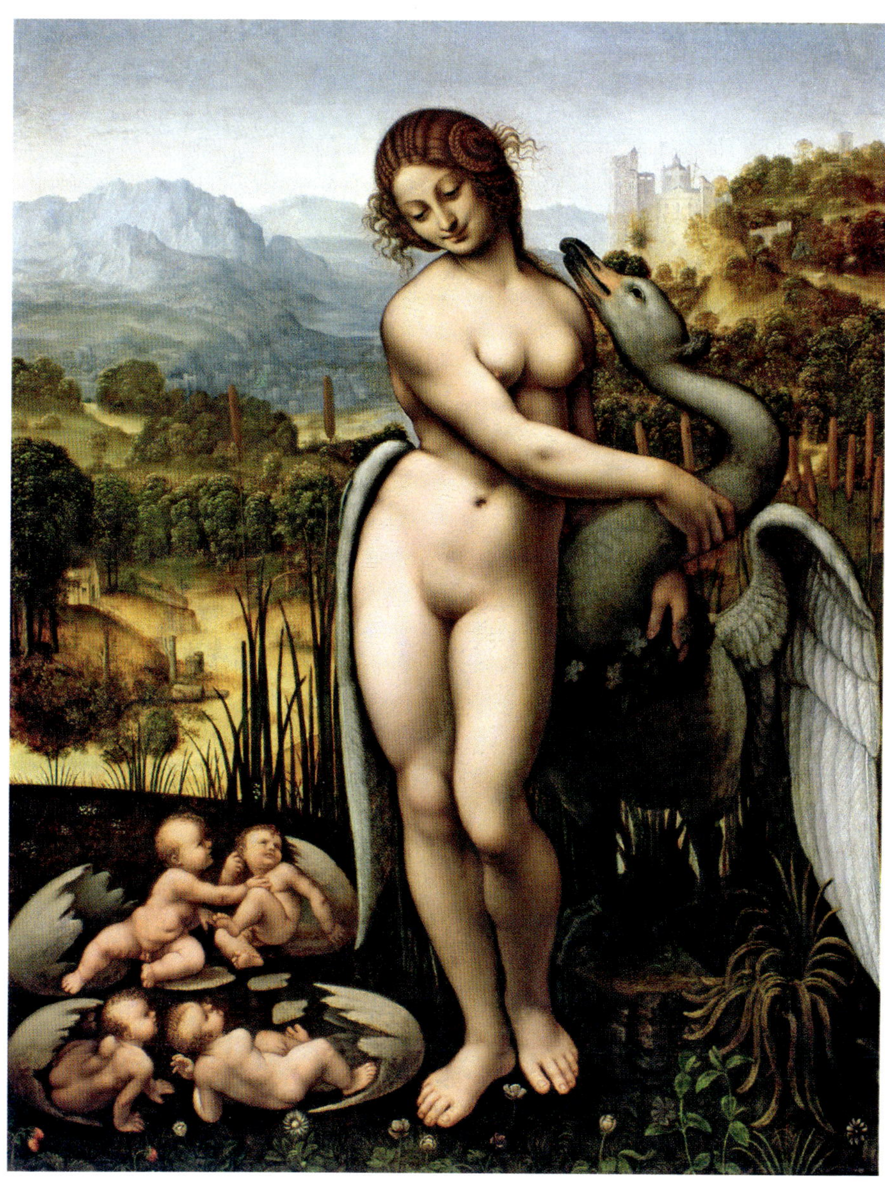

Fig. 20. Francesco Melzi, *Vertumno y Pomona*, Gemäldegalerie, Staatliche Museen, Berlín

Fig. 21. Cesare da Sesto a partir de Leonardo, *Leda y el cisne*, colección del conde de Pembroke, Wilton House, Salisbury

Páginas siguientes
Fig. 22. Francesco Melzi, *Flora*, State Hermitage Museum, San Petersburgo

Fig. 23. Bernardino Luini, *Flora*, Galleria Borghese, Roma

precisa, durante la estancia del maestro en Roma entre 1513 y 1516, la sugiere el contexto del cuadro como ejemplo del nuevo género artístico de la mitología erótica, iniciado por Rafael y otros artistas en la Ciudad Eterna. El ejercicio propio de Leonardo en este género sería *Leda y el cisne*, el cual, junto con el cartón de Londres, parece haber inspirado a Melzi, al igual que Rafael. Después de haber iniciado el proyecto en Florencia, Leonardo siguió trabajando en esta pintura, que podría haberse contado entre las vendidas por Salai al rey francés. Conocido hoy en día solo a través de copias, el cuadro (fig. 21) representaba a Leda desnuda junto a su pretendiente, el dios Júpiter, disfrazado de cisne. La expresión de Leda se asemeja a la de Pomona, sonriendo y mirando modestamente hacia abajo, así como su elaborado tocado trenzado (una peluca, en realidad). En *Leda*, en primer plano aparece un gran número de plantas en flor similares al lirio cuidadosamente reproducido detrás de Pomona o la aguileña que está a sus pies, símbolo a su vez del amor romántico. Probablemente, Melzi completó *Vertumno y Pomona* bajo la supervisión de Leonardo: la reveladora transparencia del vestido de ella y los pliegues ondulantes del traje de él, que sugieren que el dios acaba de llegar, como el pequeño Bautista del cartón, podrían haber salido de él.

Vertumno y Pomona no es la única obra mitológica de Melzi. Una tabla más pequeña (transferida a lienzo) de *Flora* (fig. 22) que había sido atribuida a Leonardo, actualmente en el Hermitage, ha sido universalmente aceptada como obra de su pupilo[59]. La sensualidad de la representación de Melzi se ve acentuada por el hecho de que Flora aparece sola, sin la figura del dios del viento, Céfiro, el cual según la leyenda transformó a la ninfa Cloris en la diosa de las flores (acontecimiento que se muestra en *La primavera* de Botticelli). La Flora sentada en una gruta rocosa rodeada de plantas y flores es una variante de Pomona: luce el mismo peinado y refleja los mismos modelos, es decir: la Leda y la Virgen del cartón de Londres, si bien en tres cuartos y sin el *contrapposto*. La diosa lleva un broche de rubíes y un vestido blanco con estilizadas flores doradas, tan holgado que le deja un pecho al descubierto. La restauración del cuadro entre 2016 y 2018 reveló que su brillante manto azul es de ultramarino puro, un costoso pigmento que el acomodado artista podía permitirse.

Al igual que en el caso de *Vertumno y Pomona*, se podría decir que Leonardo es el autor intelectual de la pintura. En ambas obras, así como en *Leda*, la abundancia de naturaleza es un tema recurrente. El paisaje le debe mucho a Leonardo, no solo la gruta, que recuerda a la de *La Virgen*

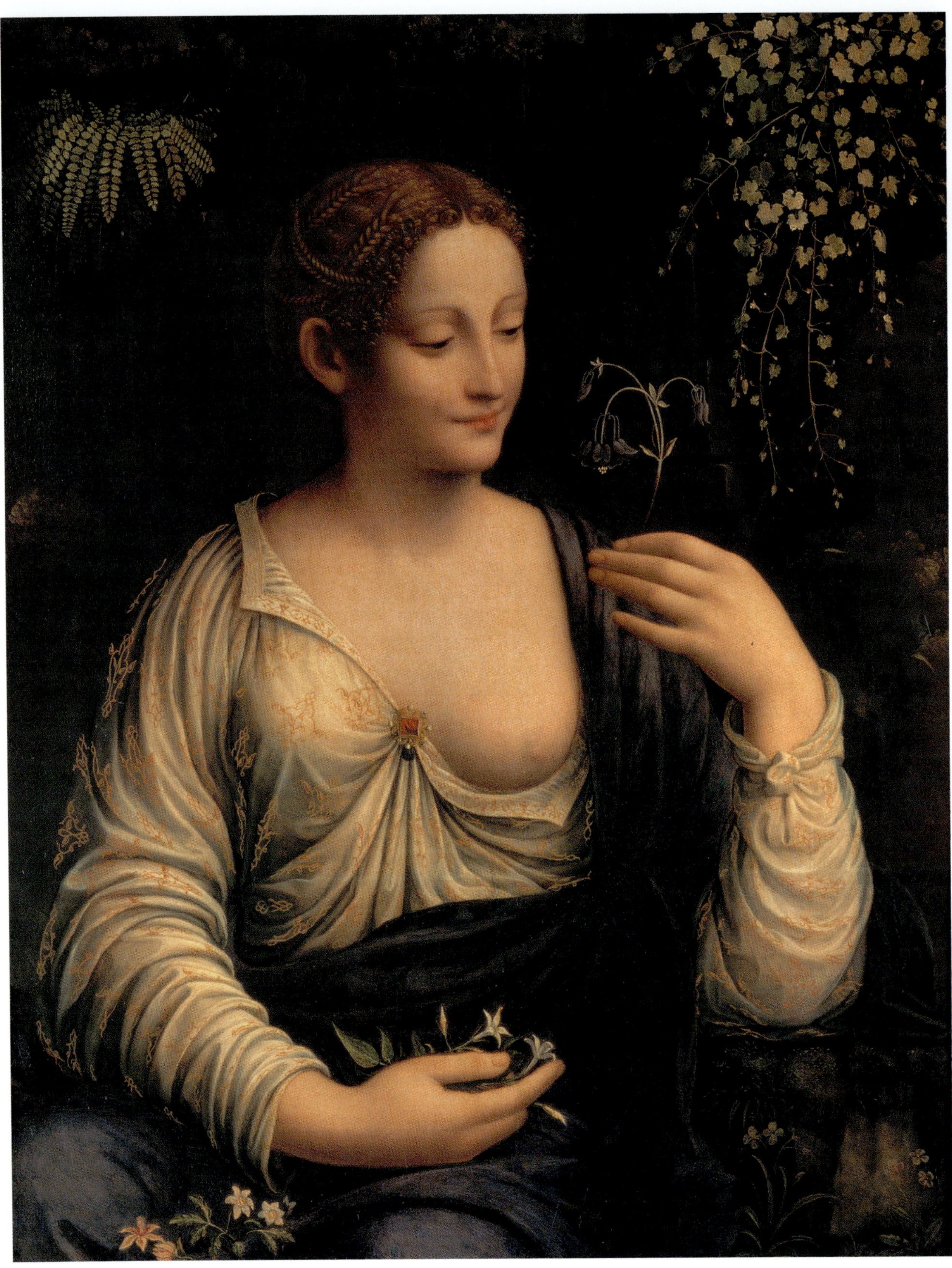

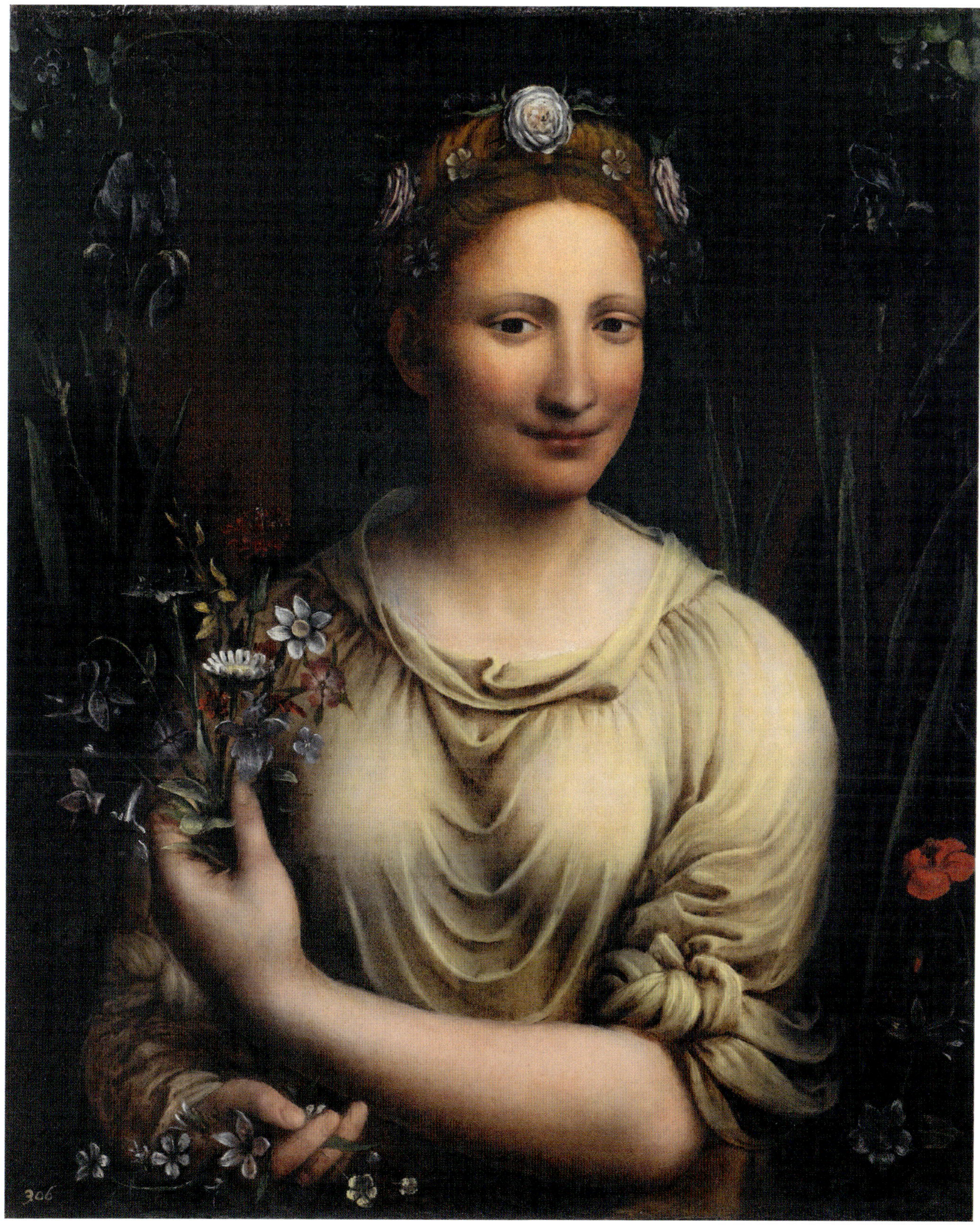
306

de las rocas, sino también las plantas y las flores meticulosamente representadas. Enmarcada por la hiedra, a la derecha, y el helecho, a la izquierda, la diosa lleva en una mano un ramillete de jazmín, en lugar de una cesta de fruta, y en la otra una aguileña que está contemplando, como el Niño Jesús que escudriña una flor en la primera *Madonna Benois* de Leonardo, también en el Hermitage. La fuente para este elemento de la pintura es, una vez más, *Leda*, cuya protagonista femenina sujeta de forma similar las flores que acaba de recoger. Consideradas individualmente, las plantas del cuadro del Hermitage, al igual que la vid, el lirio y la aguileña de *Vertumno y Pomona*, muestran el tipo de precisión que se encuentra en los estudios botánicos utilizados por Leonardo principalmente para *Leda*[60]. Las plantas de las pinturas de Melzi, que simbolizan el amor romántico, presentan el aspecto de ejemplares cuidadosamente estudiados, lo que apunta a que tienen su origen en los dibujos del maestro. Aunque no coinciden con ninguno de los estudios existentes de Leonardo, se sabe que Melzi copió esas obras, las cuales, como en el caso de las mitológicas, no se han conservado[61].

El heredero de Leonardo regresó a Milán en algún momento entre agosto de 1519, cuando este se encontraba todavía en Francia, y marzo de 1523, mes en que un documento lo sitúa en su ciudad natal[62]. Además del legado gráfico de Leonardo, es posible que Melzi también llevara de vuelta *Flora*, a no ser que Francisco I, que le pagaba un sueldo, adquiriera la pintura, registrada por primera vez en la colección real francesa en 1649. Ya sea en Francia o en Italia, el cuadro de Melzi parece haber gozado de una considerable notoriedad, como atestiguan varias copias[63], las cuales sugieren que *Flora* era admirada no solo por su encanto pagano sino también por su asociación con Leonardo. Una pintura similar (fig. 23) con el mismo tema se encuentra en la Galleria Borghese de Roma. Esta variante de *Flora* se basó, al parecer, en el cuadro de Melzi o en un dibujo a escala real que ya no existe. Aunque por lo general se considera a Melzi como el autor de la *Flora* de la Galleria Borghese, por el parecido con su versión del tema, se trata a todas luces de Bernardino Luini. A pesar de que en los últimos tiempos se ha afirmado que procede de su taller, tras una reciente limpieza, la obra tiene el aspecto de ser una producción totalmente autógrafa de Luini, datada a principios de la década de 1520[64]. Un dibujo análogo suyo con la cabeza coronada de frutas de Pomona, que se encuentra en el British Museum, da a entender que podría haber considerado a las dos mujeres como una pareja, contrariamente a lo que parece haber hecho Melzi[65]. Sin embargo, al mismo tiempo que la rodea de flores, Luini presenta a Flora bajo una luz distinta. Su figura de medio cuerpo no está ensimismada, como la de Melzi, sino que sonríe abiertamente al espectador. Mientras que la diosa de Melzi lleva un atuendo elegante y provocativo a la vez, la de Luini está completamente vestida con una simple blusa blanca arremangada. Lejos de parecer distante o misteriosa, esta Flora es una mujer del pueblo, afable y extrovertida, la cual, coronada de rosas, sostiene en alto un variado ramo de flores. Al igual que los lirios que enmarcan su cabeza, estas flores son fácilmente identificables, si bien carecen de la verosimilitud de las plantas de la *Flora* de Melzi o de *Vertumno y Pomona*. A diferencia del discípulo de Leonardo, Luini no tuvo acceso —o no se interesó por ellos— a los cuidadosos estudios de la naturaleza del maestro, que Melzi utilizaba para otorgar precisión científica a sus pinturas.

En cualquier caso, otra categoría de dibujos de Leonardo y derivados de él parece haber llamado la atención de Luini. Tres perfiles repetidos de un anciano girado hacia la izquierda aúnan a los dos artistas, con Melzi como intermediario. Esta notable secuencia sugiere que, no mucho después del regreso de Melzi, Luini se encontró con esta y otras obras de Leonardo, las cuales no habría conocido de otro modo, en Vaprio d'Adda. El primero de la serie fue el estudio en tiza roja del propio maestro (fig. 24) que se encuentra en la Kunsthalle de Hamburgo[66]. Aunque ahora gozan de menos popularidad que en siglos pasados, las caricaturas de Leonardo, o más exactamente sus cabezas grotescas, con

Fig. 24. Leonardo da Vinci, *Cabeza de anciano de perfil*, Kunsthalle, Hamburgo

Fig. 25. Francesco Melzi a partir de Leonardo da Vinci, *Cabeza de anciano de perfil*, colección real, castillo de Windsor

Fig. 26. Bernardino Luini a partir de Francesco Melzi o Leonardo da Vinci, *Cabeza de anciano de perfil*, Veneranda Biblioteca Ambrosiana, Milán

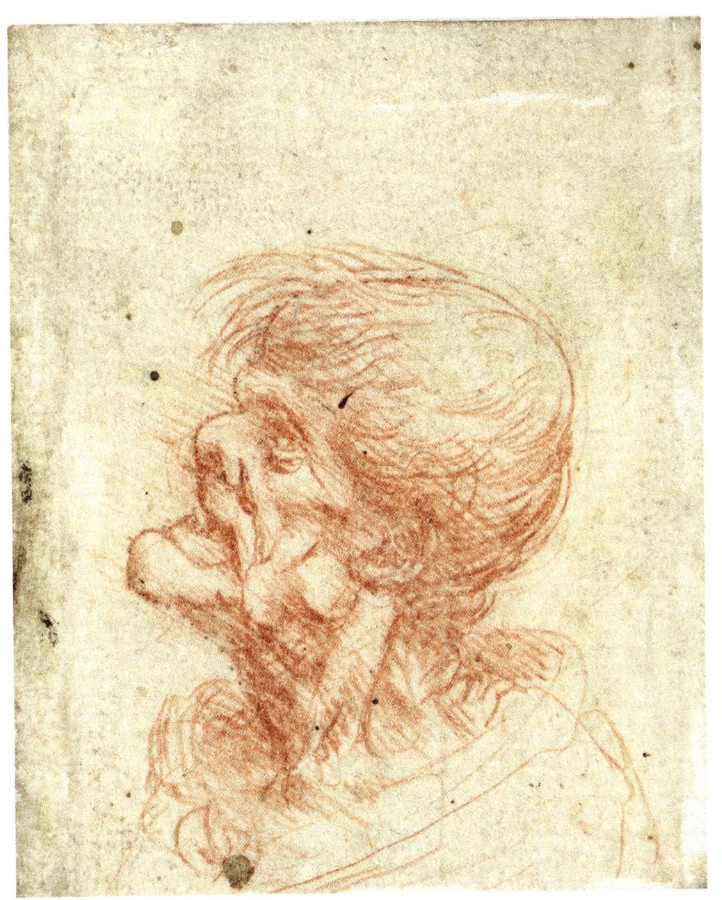

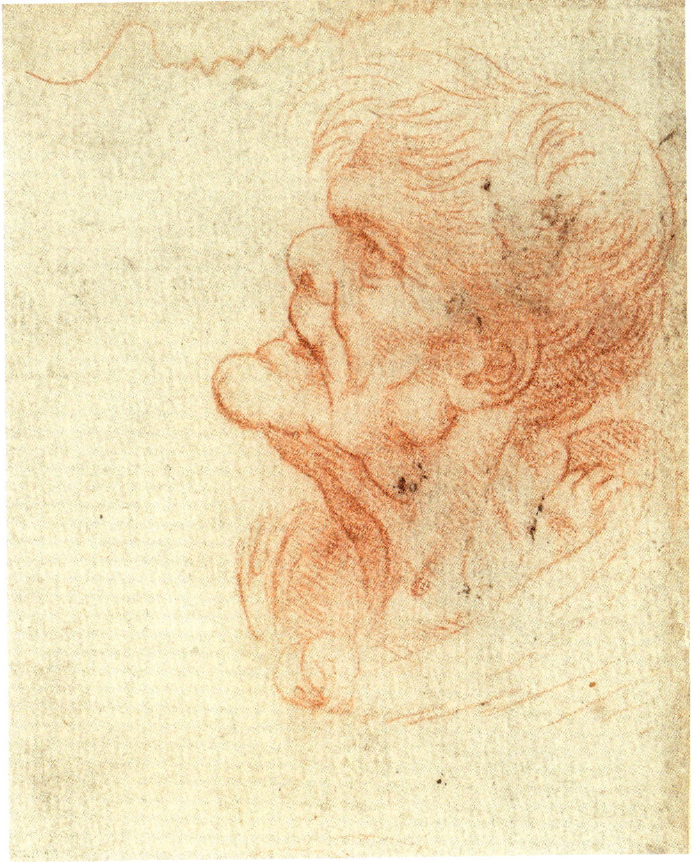

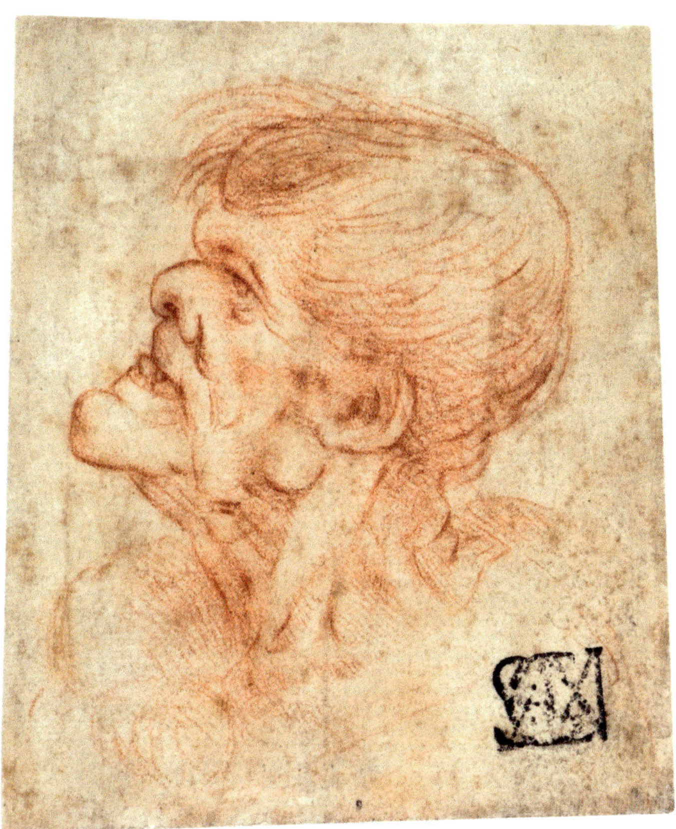

el interés hacia la fisionomía humana que demuestran, serían fundamentales para su éxito[67]. El folio de Hamburgo representa al sujeto con la frente baja, la nariz chata y la barbilla saliente. Las mismas deformidades se repiten en la copia de Melzi (fig. 25), también en tiza roja y a escala diminuta, que se encuentra en la colección real del castillo de Windsor[68]. El intento del pupilo de reproducir con exactitud el original le llevó incluso a imitar el sombreado de Leonardo, realizado con la mano izquierda. El tercer perfil de la serie (fig. 26) se ha separado de un folio de la Ambrosiana con otros estudios de Luini, en cuyo reverso está inscrito su nombre: "louino"[69]. Aunque el soporte es el mismo, Luini no se esfuerza por reproducir exactamente el original; su versión, más cercana a la de Melzi, parece la copia de una copia.

Luini no solo imitó una de las fisionomías grotescas de Leonardo, sino que es posible que poseyera varias de ellas. Según Lomazzo, un *libricciuolo* (librito) que contenía cincuenta dibujos del maestro con cabezas de ancianos y campesinos pertenecía al hijo menor de Luini, Aurelio[70]. Nacido solo dos años antes de la muerte de Bernardino, Aurelio, también pintor, rompería con la tradición de su padre y se embarcaría en un nuevo estilo influenciado por el arte del centro de Italia. En cualquier caso, siguió interesado en Leonardo, y Carmen Bambach le ha atribuido de forma convincente un folio con cinco estudios fisonómicos que se encuentra en el British Museum, presumiblemente inspirado en el álbum que poseía[71]. Es muy posible que el libro de *visi mostruosi* (rostros monstruosos), como los llama Lomazzo, hubiera pertenecido ya a Bernardino, de quien pasaría por herencia a su hijo.

La más notable de las fisonomías de Leonardo sería el llamado perfil de "cascanueces" de un anciano con la nariz aguileña, el labio inferior hacia fuera y el mentón prominente. Este tipo sería repetido una y otra vez por el maestro y su círculo[72]. Leonardo compartía la fascinación por los personajes extraños con Luini, que los utilizaba para las figuras de malvados en sus obras. Un ejemplo excelente es su *Cristo entre los doctores* (fig. 27) que se encuentra en la National Gallery de Londres[73]. Esta pintura sobre tabla, celebrada en su día como obra maestra de Leonardo, incluye a la derecha el perfil de un doctor o teólogo que asiste a la conversación con Jesús y que muestra el característico tipo aquilino. Su figura, junto con las de los demás tertulianos, contrasta con el Cristo situado en el centro, que recuerda a otro modelo de Leonardo, el *Salvator Mundi* copiado por Salai (fig. 19). Isabel de Este, ya mencionada como comitente de Leonardo, le pidió que pintara un cuadro de Jesús a la edad en la que había conversado con los doctores, pero esta obra nunca fue ejecutada y hoy en día solo se conocen réplicas de la composición, realizadas por el joven Correggio y otros artistas. Sin embargo, es posible que el dibujo con la figura solitaria de Jesús llegara a ser un cartón, al que Luini, si lo conocía, habría añadido a los típicos doctores a fin de clarificar el tema. Con un posado de frente, Cristo se dirige al espectador como si este también tuviera que ser convencido. Aunque en el relato bíblico no es más que un niño, el Cristo de Luini se aproxima al Salvador adulto, solo que más joven. La inclusión de los doctores en el cuadro demuestra que en esa época (finales de la década de 1520) el artista dominaba el principio basado en contrastar tipos de juventud y edad avanzada, de belleza y fealdad, de virtud y vicio que subyace en gran parte de la obra de Leonardo.

Como parte del legado gráfico de Leonardo, al parecer Melzi también se llevó *La Virgen y el Niño con santa Ana y san Juanito* (fig. 6) de vuelta a Milán. Y habría sido allí donde Luini tuvo tenido acceso al cartón, presumiblemente instalado en la villa de Melzi: un hallazgo que transformaría radicalmente su estilo. Anteriormente, su experiencia con Leonardo era limitada; ahora podía estudiar en profundidad uno de los mayores logros del maestro. La prueba de este encuentro es la copia de Luini, que remite a la composición de la figura, en su propia pintura *La Sagrada Familia con santa Ana y san Juanito* (fig. 28) perteneciente

Fig. 27. Bernardino Luini, *Cristo entre los doctores*, National Gallery, Londres

Páginas siguientes
Fig. 28a-b. Bernardino Luini, *La Sagrada Familia con santa Ana y san Juanito*, conjunto y detalle, Veneranda Biblioteca Ambrosiana, Milán

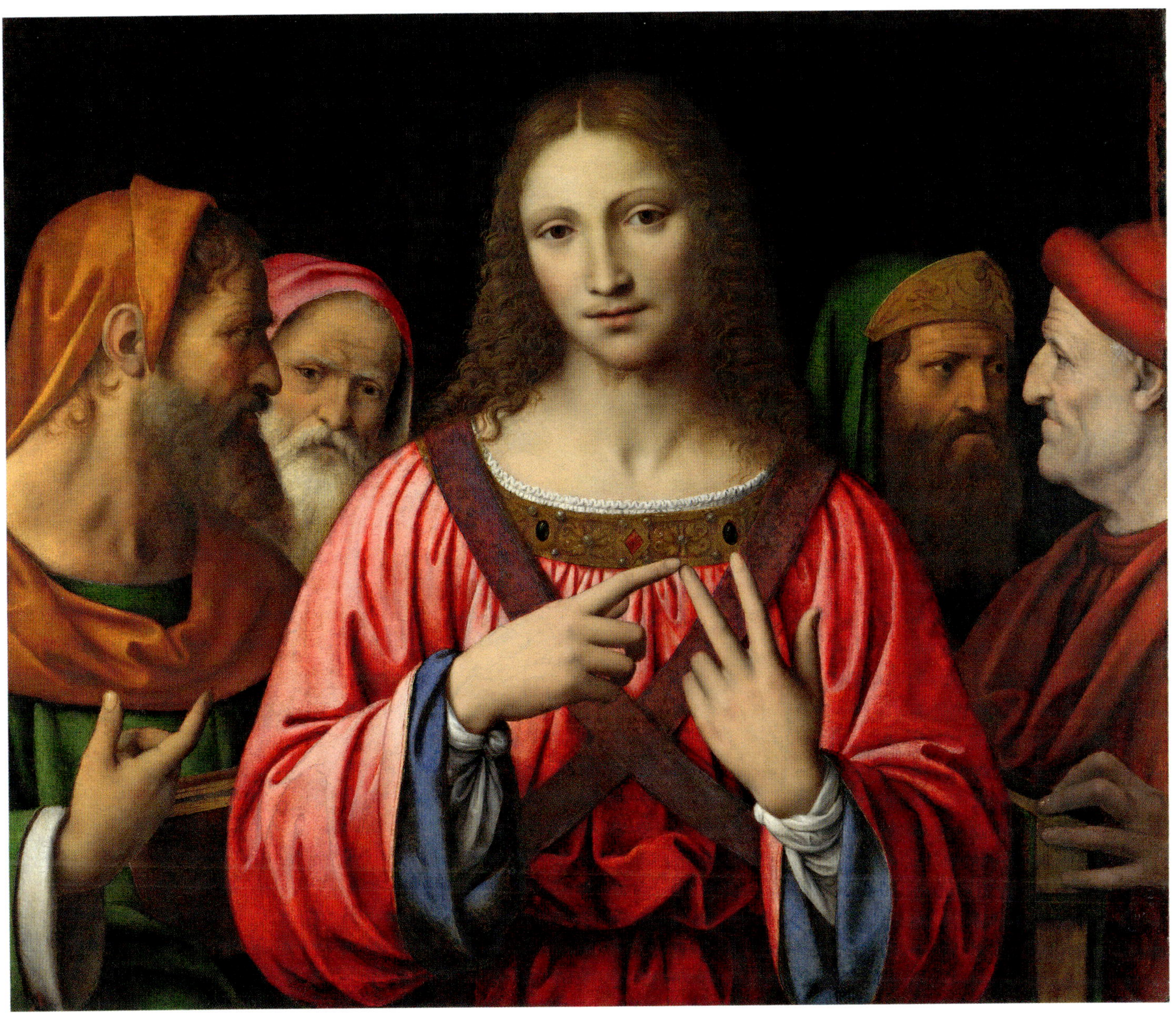

a la Ambrosiana[74]. Siempre según Lomazzo, el cartón pertenecía en su época al hijo de Luini, Aurelio[75], quien también poseía el álbum de caricaturas, lo que ha sugerido a los estudiosos que anteriormente podría haber pertenecido a Bernardino, de quien habría pasado a Aurelio[76]. En este contexto, Melzi le habría entregado el cartón a Luini, ya anciano, antes o después de que este pintara su copia. En cualquier caso, la vinculación del cuadro de la Ambrosiana con el cartón es innegable.

El primero en constatar y valorar esta deuda fue el cardenal Federico Borromeo (1564-1641), arzobispo de Milán y fundador de la venerable institución que alberga el cuadro de Luini. Gran coleccionista y mecenas de las artes, Borromeo creó la Ambrosiana dotándola de una biblioteca, una academia de arte y un museo[77]. Sus fondos de obras de diferentes maestros italianos, expuestas en la pinacoteca, debían servir como modelo a los artistas contemporáneos y, más en general, para reformar el arte sacro de acuerdo con los

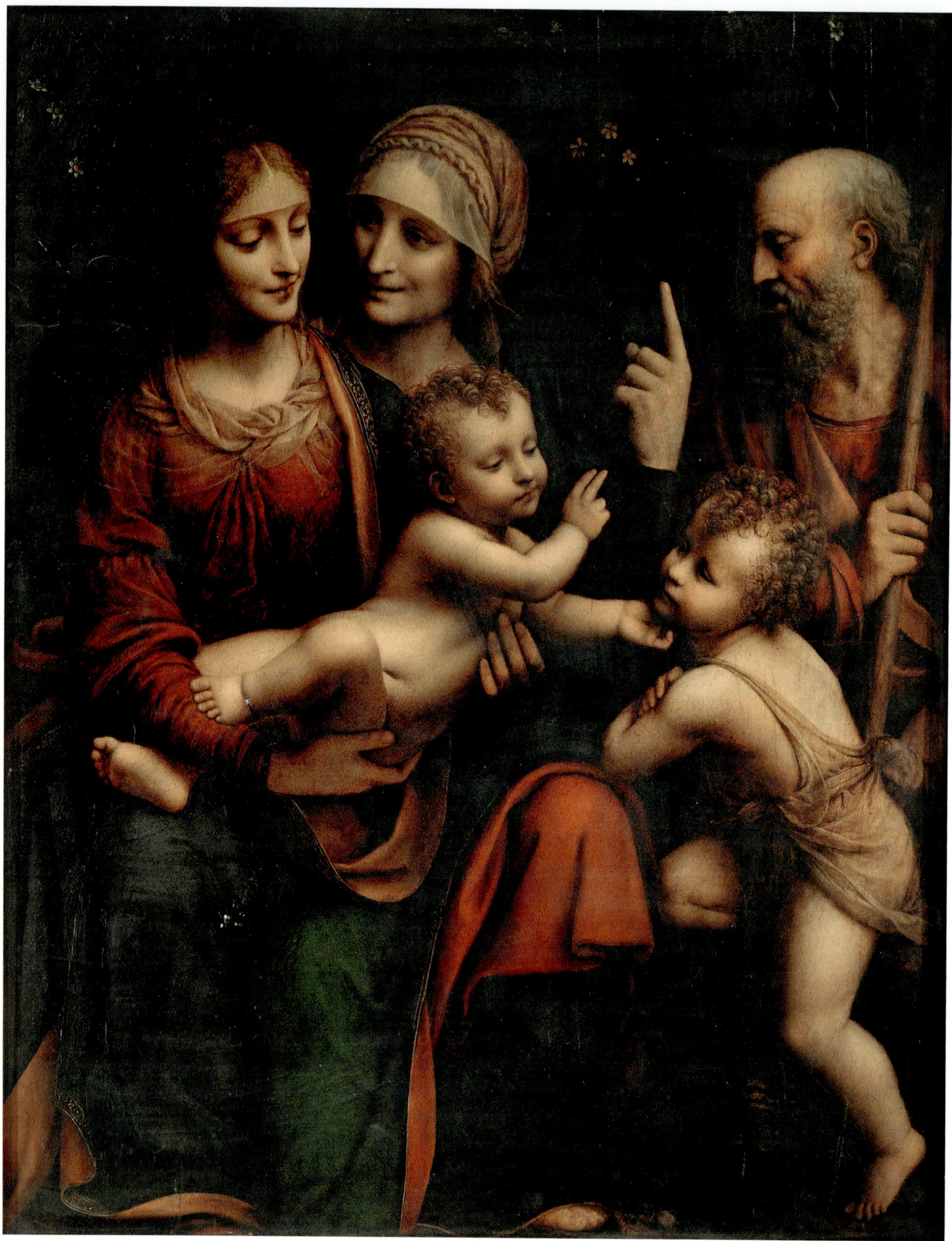

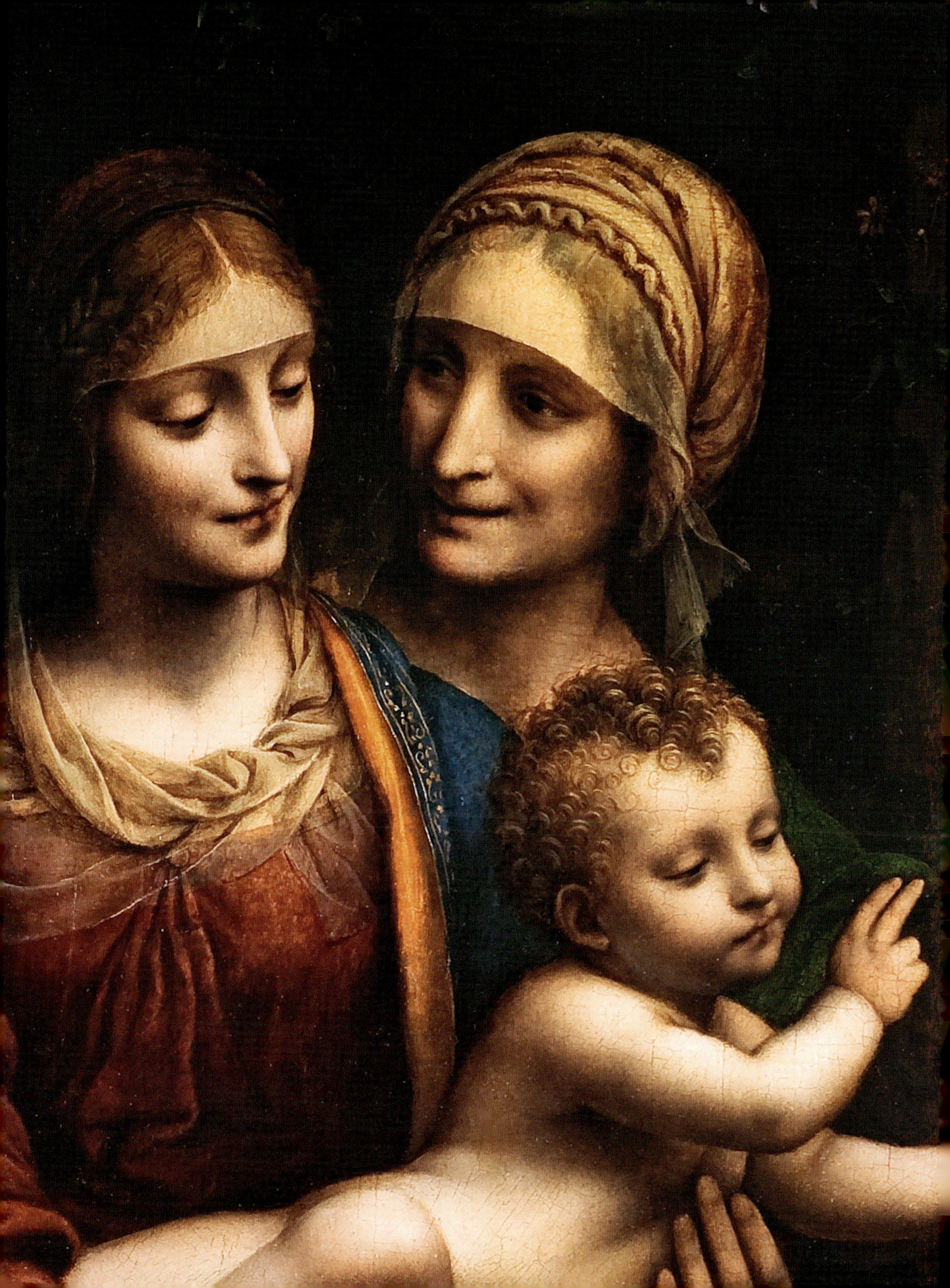

decretos del Concilio de Trento. Borromeo promulgó este programa de reforma artística en su *De pictura sacra*, de 1624, en el que establece sus normas sobre el arte y su función religiosa, mientras que en *Musaeum*, publicado al año siguiente, guiaba al lector a través de las obras del museo. Entre una serie de cuadros de Luini o derivados de él, la *Sagrada Familia* ocupaba un lugar privilegiado[78]. Borromeo sostenía que en esta pintura Luini había mejorado el dibujo de Leonardo agregando una capa de excepcional belleza y ternura[79]. Si bien las cualidades que Borromeo buscaba en el arte reflejaban los ideales de la Contrarreforma, cabe añadir que la obra de Luini se prestaba a esta valoración. Como ha observado Pamela Jones, el artista «con la simplificación y dulcificación del estilo de Leonardo, según Borromeo, había dado lugar a la creación de obras devocionales especialmente eficaces»[80].

Aunque no menciona el cartón, se suele dar por sentado que, al referirse a la habilidad como dibujante de Leonardo, Borromeo quiso decir que Luini había tomado esa obra como modelo para su cuadro[81]. Tal vez por eso dedujo que el artista más joven había sido pupilo de Leonardo. Las dimensiones totales difieren, pues el cartón es más grande, pero las figuras son idénticas en escala, lo que plantea la cuestión de cómo se transfirió el dibujo a tabla. Los exámenes científicos han demostrado que los contornos del cartón no estaban pinchados ni marcados, por lo que Luini probablemente recurrió a un calco[82]. A diferencia de los discípulos de Leonardo, en su madurez este se acercó más al maestro recientemente fallecido, estimulado ante la oportunidad, ofrecida por Melzi, de convertir el cartón en una pintura. Como ejercicio de aprendizaje en el que Luini buscaba dominar la *maniera* de Leonardo, el cuadro de la Ambrosiana, cuyo comitente se desconoce, puede no haberse tratado de ningún encargo. Sea como fuere, el proceso de creación no fue simple ni inmediato. Desacostumbrado como estaba a emplear el *contrapposto*, sin duda las complejas poses entrelazadas de las figuras supusieron un reto para Luini. Otra dificultad es que muchos trazos están sin resolver o sin terminar, a pesar de que representa el paso final en la elaboración del diseño. Para convertir una obra tan provisional en una pintura acabada, Luini se vio obligado a completar las formas definidas a medias. Por último, se presentaba el problema de trasladar el dibujo a un soporte diferente añadiendo color a los grises trazos de Leonardo. Debido a su cuidadoso estudio del cartón, el cuadro de Luini muestra la exactitud típica de una copia. Su intento de hacer el cartón más legible habría atraído a Borromeo, que demandaba claridad en la transmisión del contenido del arte religioso.

La forma en que la pintura de la Ambrosiana se ajusta a un modelo podría ser el motivo que llevó a los comisarios de la exposición organizada recientemente a descartar la autoría de Luini en favor de sus *eredi* (herederos), es decir, su taller[83]. Esta reatribución, según la cual el cuadro habría sido realizado tras su muerte en 1532, ha dividido a los estudiosos: mientras que el autor de la nueva monografía sobre el artista coincide con ellos, otros discrepan[84]. La fama de la obra maestra de Borromeo, copiada con frecuencia y transportada a París durante la época napoleónica, parece en cualquier caso merecida, si bien la relación precisa entre la misma y su fuente queda por determinar. Entre 2010 y 2011, la restauración de la pintura, ejecutada al temple y al óleo sobre tabla, reveló que el borde inferior había sido recortado a lo largo dejando fuera los pies de las mujeres, excepto uno, y parte de la roca sobre la que están sentadas. Aunque son comparables con sus homólogas del cartón en cuanto a tamaño, las figuras presentan una escala mayor en relación con la superficie del cuadro, en consecuencia. Entre los cambios introducidos por Luini en la composición de Leonardo, el más destacado es el añadido de san José a la derecha. Con barba y de perfil, se trata de un tipo familiar en la obra de Luini, que aparece en la *Lamentación* (fig. 29), por ejemplo, y en la predela (fig. 17) del retablo de Trivulzio. Su inclusión en el cuadro de la Ambrosiana lo aleja sorprendentemente del original, estabilizando la composición y, al convertir el tema en una sagrada familia, creando

Fig. 29. Bernardino Luini, *Lamentación sobre Cristo muerto*, detalle fig. 11

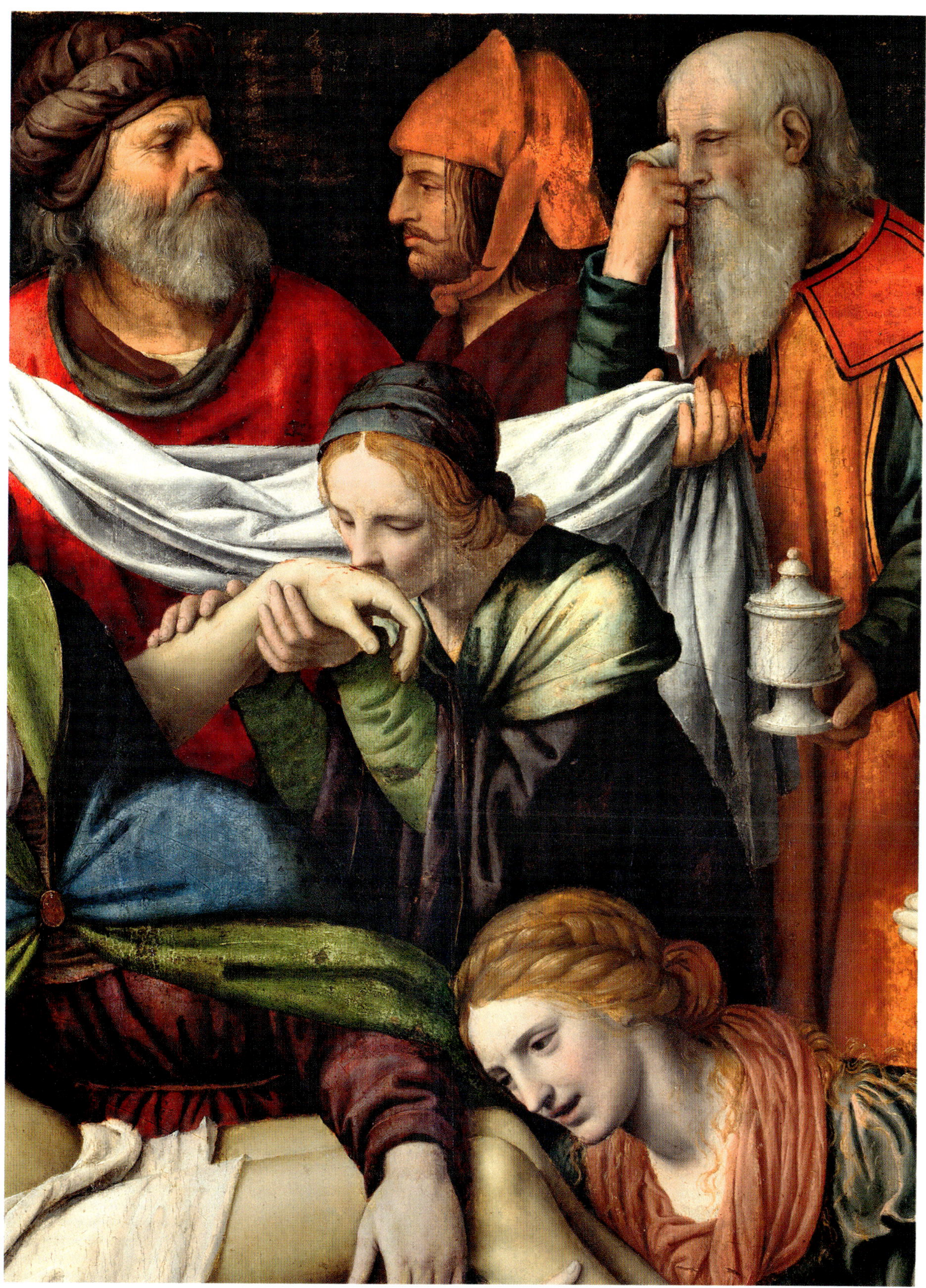

un ambiente de intimidad doméstica, en ambos casos con una finalidad devocional. José, cuidando de su familia, hace de contrapeso respecto al escultural y compacto grupo del cartón. Además, Luini modificó el ambiguo emparejamiento de las dos santas mujeres de Leonardo representando a una santa Ana de edad más avanzada y situada claramente detrás de su hija. También definió su atuendo, añadiendo velos y tocados de color ocre y contrastando el rojo, el azul, el verde y el dorado de sus vestimentas. Por otro lado, la repetición de los tonos más cálidos para san José unifica el cuadro en toda su superficie.

Aunque es evidente que imita el claroscuro de Leonardo, la forma de Luini de modelar las luces y las sombras carece de la profundidad del original, y no hay indicios de que aplicara una pintura de base monocromática como la de *La Virgen de las rocas* (fig. 4). Lo que Luini tomó prestado de esa obra fue la idea de las plantas y las flores que surgen de las formaciones rocosas, al igual que Melzi para su *Flora* (fig. 22). En este caso, el fondo oscuro y sombrío hace resaltar las figuras y las acerca al espectador, al igual que el recorte de José, a la derecha. De este modo, el cuadro de la Ambrosiana, pese a que carece del dinamismo y el misterio del original, consigue hacer accesible la compleja invención de Leonardo.

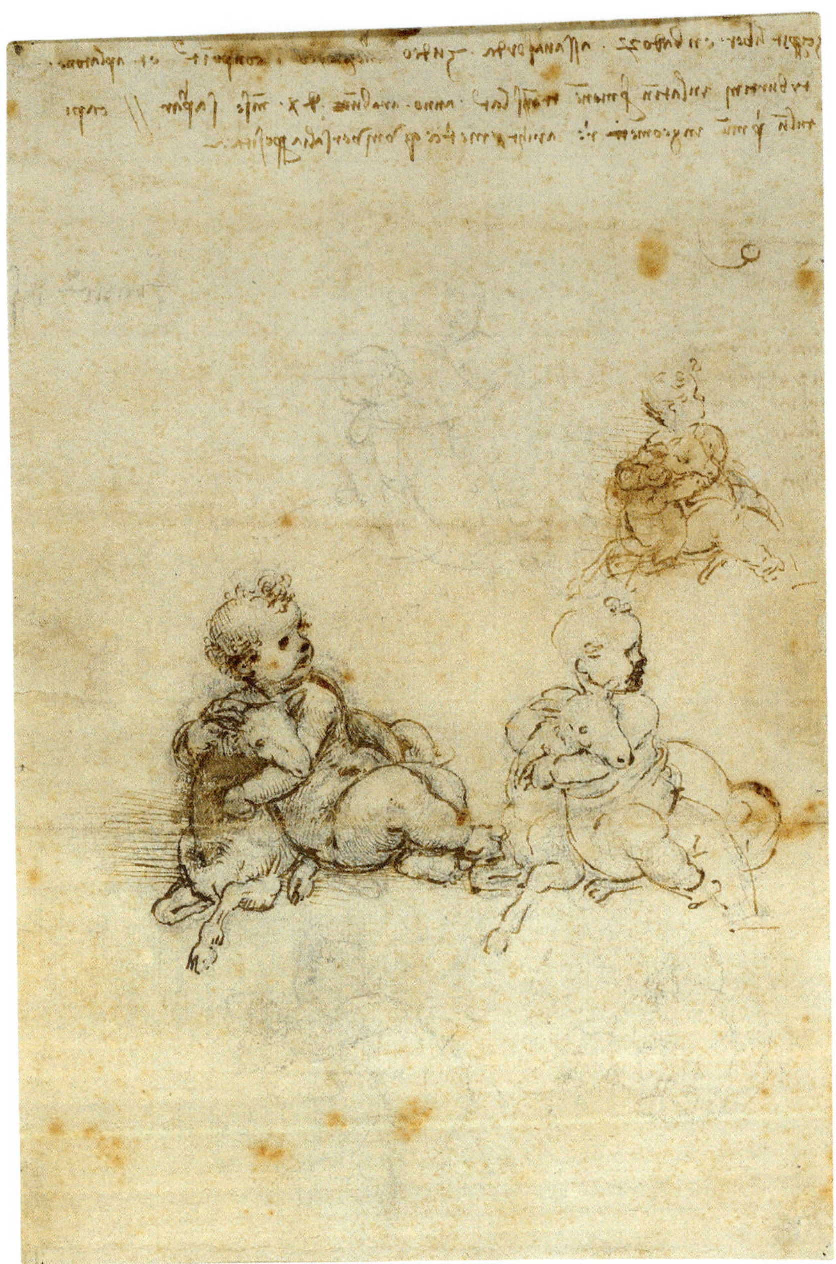

Lejos de tratarse de un ejercicio aislado, *La Sagrada Familia* se convirtió en el eje sobre el que giraría la carrera de Luini como pintor. Completada a principios de la década de 1520, esta pintura es la primera de una serie de obras en las que se aproximaría más a Leonardo[85]. La experiencia del artista al copiar el cartón demostró el potencial del arte de Leonardo para aumentar la eficacia de sus propias imágenes devocionales. Además, le proporcionó una visión de los logros del maestro que no podría haber obtenido con ningún otro método. Un cuadro análogo de Luini, *El Niño Jesús con un cordero* (fig. 31), era otro de los favoritos de Borromeo, quien lo donaría a la Ambrosiana en 1618[86]. El motivo del Niño sosteniendo al cordero sacrificado podría haber sido adaptado a partir de la *Santa Ana* de Leonardo, como el del fresco de Luini que se encuentra en Lugano[87]. Sin embargo, en ese caso el Niño aparece de pie, mientras que en este parece estar sentado y abrazando al cordero, no montándose encima, como en la tabla de la Ambrosiana. Una fuente más probable para esta obra es una invención registrada en varios dibujos que se encuentran en el Getty Museo (fig. 30) y otros

Fig. 30. Leonardo da Vinci, estudios de *El Niño Jesús con el cordero en brazos*, detalle, J. Paul Getty Museum, Los Ángeles

Fig. 31. Bernardino Luini, *El Niño Jesús con un cordero*, Veneranda Biblioteca Ambrosiana, Milán

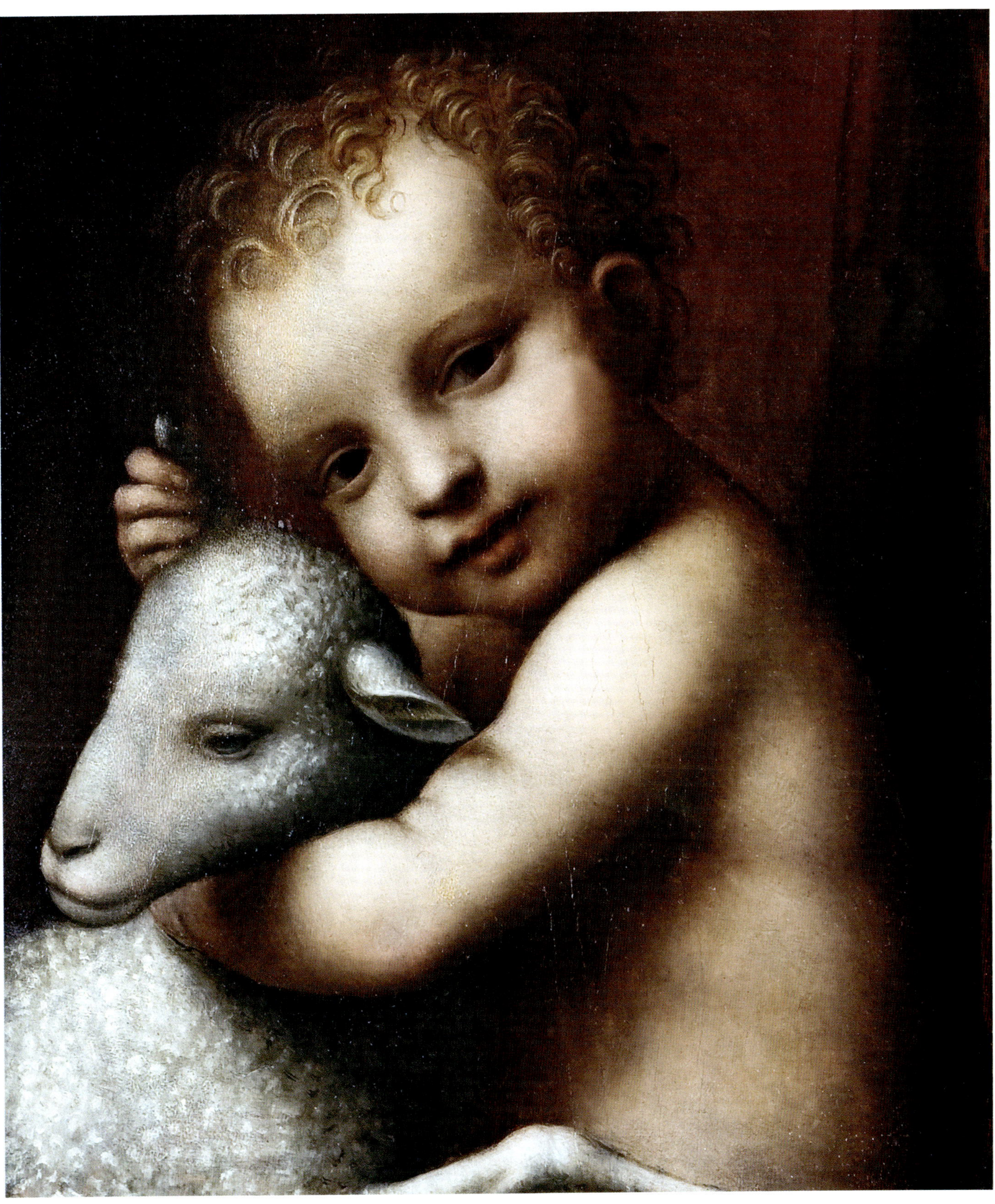

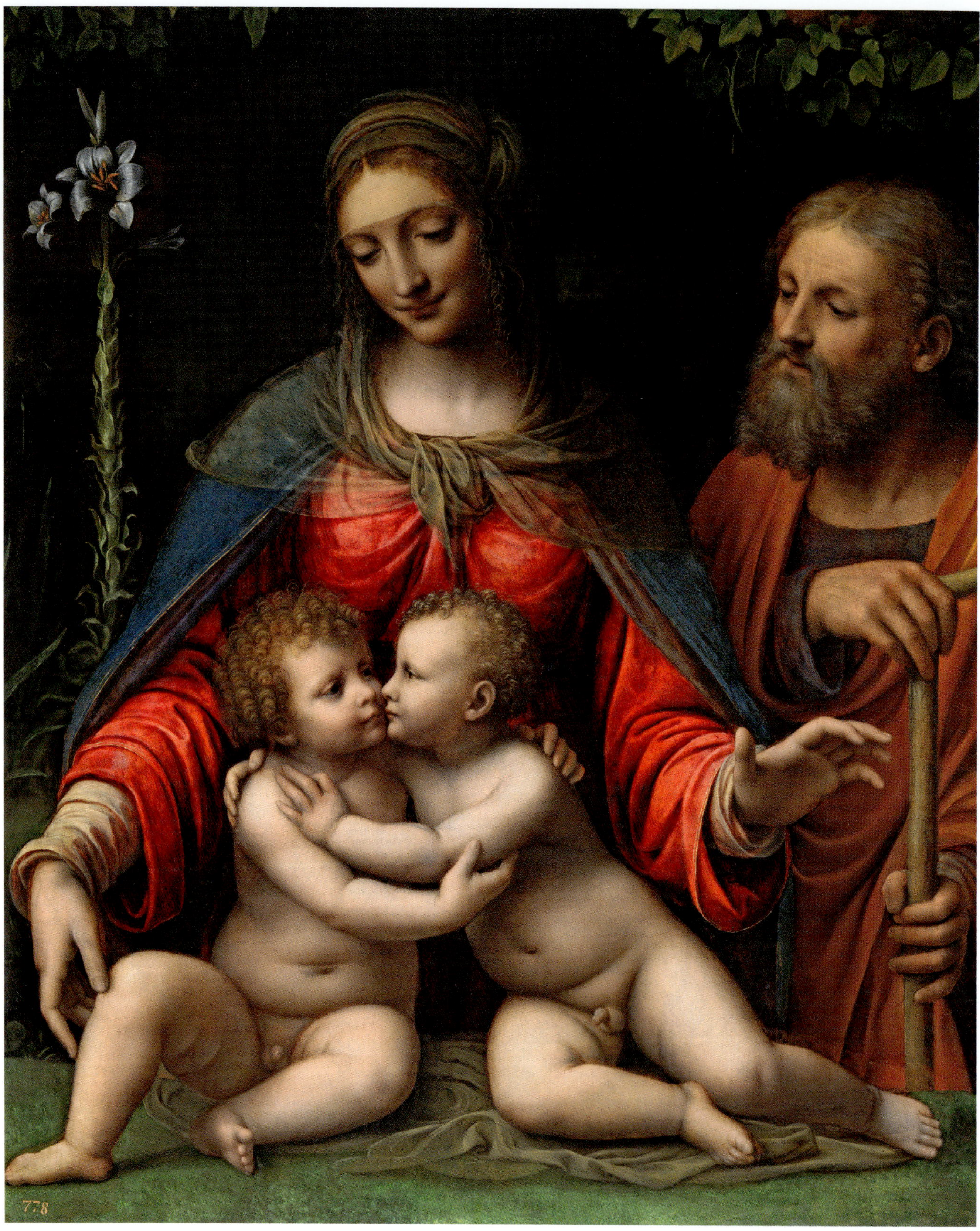
778

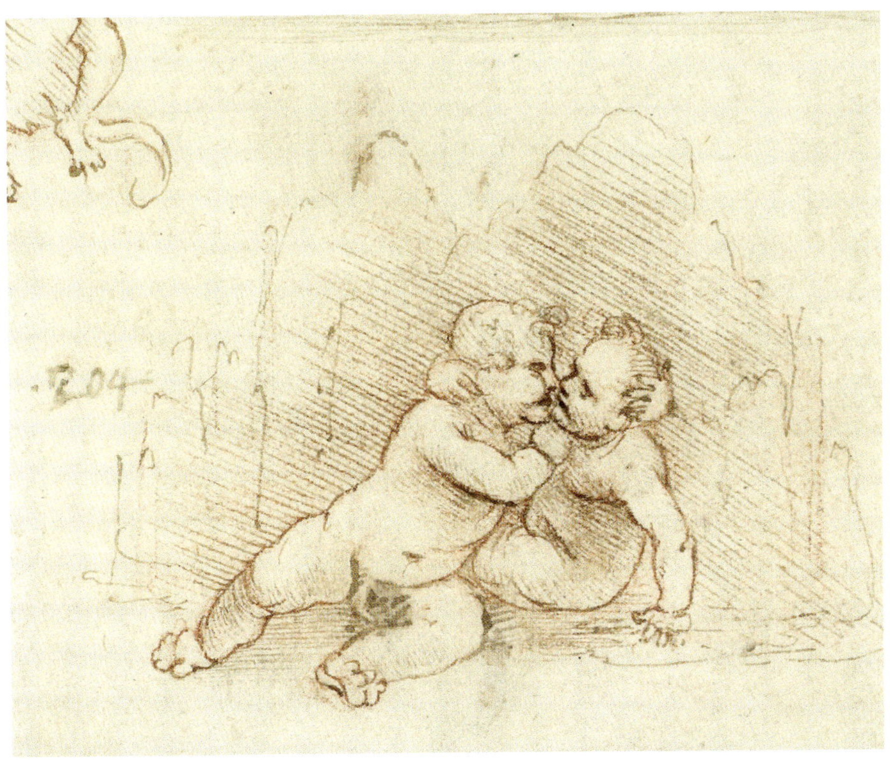

Fig. 32. Bernardino Luini, *La Sagrada Familia con san Juanito*, Museo Nacional del Prado, Madrid

Fig. 33. Atribuido a Leonardo da Vinci, *El abrazo de los santos infantes*, detalle, colección real, castillo de Windsor

lugares, en los que Leonardo trató al Niño Jesús con el cordero como una composición separada[88]. Si bien no se conoce ninguna pintura suya sobre este tema, los bocetos, que representan al Niño recostado abrazando la cabeza del cordero, podrían haber llegado a ser un cartón. En su cuadro, Luini ha afinado el enfoque representando al niño de medio cuerpo sobre un fondo oscuro. El pequeño Jesús, sonriente, mira hacia el exterior mientras agarra la oreja del animal como forma de atraer al espectador, un detalle encantador tomado de *Santa Ana*.

El tono lúdico del cuadro de la Ambrosiana se percibe también en *La Sagrada Familia con san Juanito* (fig. 32) de Luini que se encuentra en el Museo del Prado, en Madrid[89]. En 1574 el rey Felipe II, que había adquirido la pintura como autógrafa de Leonardo, la colocó en una galería de obras religiosas en el Escorial, en un acuerdo tácito con Federico Borromeo sobre que el valor de una imagen sagrada residía en su función devocional[90]. La tabla del Prado, que data de mediados de la década de 1520, es la creación más leonardesca de Luini. Al igual que en la *Sagrada Familia* anterior, añade la figura de san José a un grupo derivado, en este caso, de dos fuentes de Leonardo: *La Virgen de las rocas* (fig. 4) y un dibujo o pintura de los dos niños sagrados abrazándose. Luini no sería el único en combinar estos dos modelos. Otro seguidor menos dotado de Leonardo, llamado Bernardino de Conti, los uniría en un torpe pastiche fechado en 1522 y conservado en Brera[91]. En él, la Virgen aparece de cuerpo entero en un entorno cavernoso con los infantes a sus pies. Optando por recortar las figuras, Luini representa a María rodeando con los brazos a los pequeños, que aparecen incorporados más cerca del espectador. Anteriormente, en un boceto perteneciente a los Uffizi, el artista había representado el tema de una forma natural, a la "lombarda", con la Virgen arrodillada y Jesús y san Juan extendiendo los brazos por encima de la pierna derecha de ella para abrazarse[92]. Este comportamiento forzado, si bien conmovedor, contrasta con el tratamiento marcadamente leonardesco de Madrid. La obra, realizada aproximadamente una década después respecto al dibujo, presenta la calidad de una prueba en la que Luini hizo alarde de su reciente asimilación de Leonardo. A esas alturas, estaba claro que había caído bajo el hechizo del maestro.

La representación de Luini del cariñoso abrazo de los niños deriva de una invención de Leonardo conocida por un folio del castillo de Windsor con varios dibujos del pequeño Jesús jugando con un gato, que son con toda seguridad de un pupilo. En la esquina inferior derecha, un boceto a pluma muy diferente (fig. 33) muestra a los infantes abrazándose y besándose en un entorno rocoso y oscuro. Aunque este boceto también ha sido calificado como producto del taller, merece ser considerado como una obra autógrafa del propio Leonardo[93]. Los dos niños aparecen desnudos: el de la izquierda se inclina hacia delante mientras su compañero, sentado a la derecha, se mantiene por sí mismo como el pequeño Jesús de *La Virgen de las rocas*. A juzgar por el gran número de copias pintadas que inspiró tanto al norte como al sur de los Alpes,

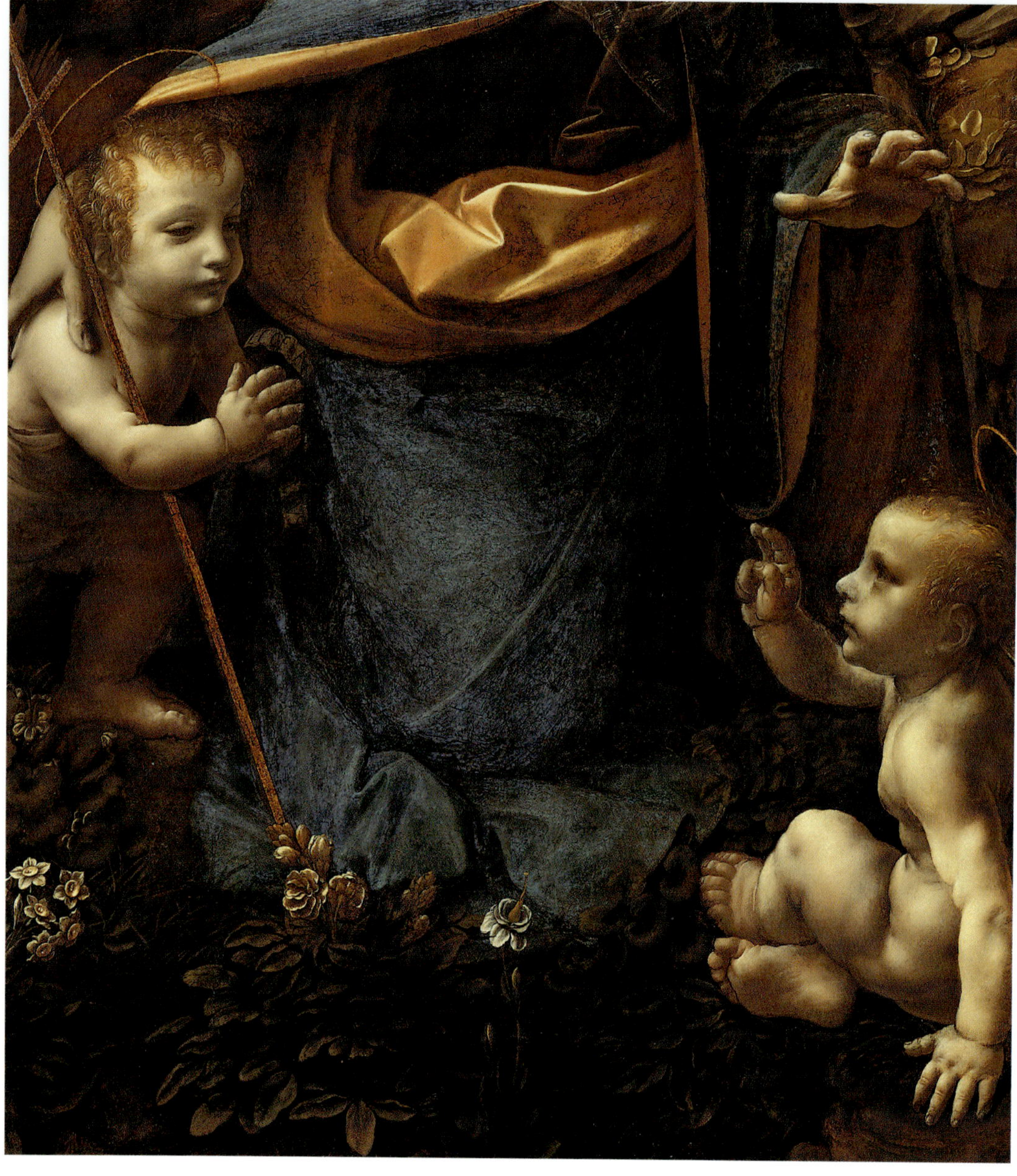

Fig. 34. Leonardo da Vinci, *La Virgen de las rocas*, detalle fig, 4

el dibujo de Leonardo llegó a ser un cartón o un cuadro terminado, en el que las poses de los infantes estaban invertidas[94]. Los paisajes de fondo difieren en las copias, lo que sugiere que el original consistía en un cartón solo con las figuras, que Melzi podría haber poseído y mostrado a Luini, cuyo dibujo preliminar del tema a escala real se encuentra en la École des Beaux-Arts, en París[95].

La segunda fuente de Luini, *La Virgen de las rocas* (fig. 34), también tiene como tema el profético encuentro de los infantes Jesús y Juan. Puesto que este tuvo lugar al regreso de la Sagrada Familia de su huida a Egipto, Luini reintrodujo acertadamente a san José. Al igual que en el cuadro de la Ambrosiana, su figura, en este caso en tres cuartos, completa esta escena de vida familiar en la que el creyente, al rezar devotamente sus oraciones, podía sentirse involucrado. El semblante sonriente de la Virgen procede del retablo de San Francesco Grande, así como sus gestos protectores con las manos, si bien Luini ha colocado un velo sobre el cabello de María en señal de modestia. De forma análoga, el fondo de la pintura del Prado imita el entorno rocoso sembrado de plantas de *La Virgen de las rocas*. El lirio simbólico de la izquierda y la hiedra de la derecha también recuerdan a las plantas cuidadosamente estudiadas que flanquean a la protagonista en la *Flora* de medio cuerpo de Melzi (fig. 22). Aparte de la delicada vegetación del cuadro del Prado, la destreza de Luini se pone de manifiesto en el velo diáfano que envuelve el busto de la Virgen, un virtuosismo digno de Leonardo.

Los préstamos relativos a la composición, el modelado a través del claroscuro y el carácter expresivo de las figuras acercan a Luini más que nunca a Leonardo con la tabla del Prado. Esta obra y las dos anteriores siguen el mismo patrón: todas parecen guardar relación con los dibujos del maestro supuestamente heredados por Melzi, uno de los cuales podría haber sido propiedad de Luini. En todos los casos, este último pintó un cuadro que el propio Leonardo estaba demasiado ocupado o distraído para ejecutar. En esa época, Luini era el pintor de imágenes devocionales más experto y solicitado de Lombardía. Su *Virgen del rosal* (fig. 35), que se encuentra en Brera, ha sido reconocida como la obra maestra del artista en este género[96]. De hecho, se trata de uno de los iconos de la pintura renacentista lombarda. A diferencia de sus predecesores, este cuadro no se basa en un modelo específico, sino que representa la asimilación por parte del artista más joven de la *maniera* de Leonardo. Aquí, María recuerda a su homóloga de *La Virgen de las rocas*. Sentada en una repisa junto a una maceta, aparece con velo y sin aureola, al igual que Jesús. Ambas figuras son estrictamente frontales: la Virgen, más que sostener a su Hijo, lo muestra al observador. Este, que lleva solo una camisa transparente, intercambia miradas con el espectador y dirige su atención a la maceta de aguileñas, símbolo del futuro sacrificio del Salvador. La interacción del Niño con el observador, que es quien completa la escena, contrasta con la representación de Luini del tema (fig. 36) en la obra que se encuentra en la National Gallery of Art de la ciudad de Washington[97]. Esta última, fechable aproximadamente una década antes que el cuadro de Brera, aunque también representa a la Virgen y el Niño con un jarrón de flores, lo hace en el modo híbrido del Luini anterior, tratando los motivos tomados de Leonardo de una manera humildemente realista. Sin volumen ni presencia, la Virgen tiene un aspecto aniñado, mientras que el pequeño, vestido, está absorto en la flor. Ambos aparecen con aureolas, que resplandecen sobre el fondo oscuro. En conjunto, la Virgen de Brera demuestra mucha más destreza, no solo por las figuras, sino también por el enrejado con rosas entrelazadas de color blanco y rosa que se observa justo detrás de ellas. El rosal alude a la iconografía tradicional del *hortus conclusus* (jardín cerrado), que simboliza la pureza de la Virgen. Al igual que las aguileñas, las rosas invitan a la meditación, al mismo tiempo que acotan el fondo a la manera de las rocas cubiertas de plantas de las sagradas familias. Sin embargo, aquí la vegetación no oscurece el espacio ni limita la paleta del artista, la cual, con su colorido abanico de rosas, amarillos y azules, se asemeja a la de sus ya mencionados frescos de Saronno.

La influencia de Leonardo sobre Luini se extendió más allá de las pinturas religiosas, como se aprecia también en los retratos. Si bien los frescos y retablos del artista más joven incluyen a numerosos donantes arrodillados de perfil, el *Retrato de dama* (fig. 37), que se encuentra también en la National Gallery of Art, es el único que podemos considerar con certeza como retrato independiente[98]. En este caso, Luini se sirvió del estilo leonardesco recién adquirido no para reforzar un mensaje devocional sino para retratar a la modelo. La joven, no identificada, aparece representada de medio cuerpo y a tamaño natural, mirando hacia el espectador. Su elaborado traje indica su elevado estatus social, así como la cadena de oro que toca con una mano mientras en la otra sostiene una piel de animal. Las cortinas verdes que enmarcan el fondo oscuro confieren el mismo tipo de ambiente semicerrado que el rosal de la Virgen de Brera. El cuadro de Washington es también, por su singularidad, una de las

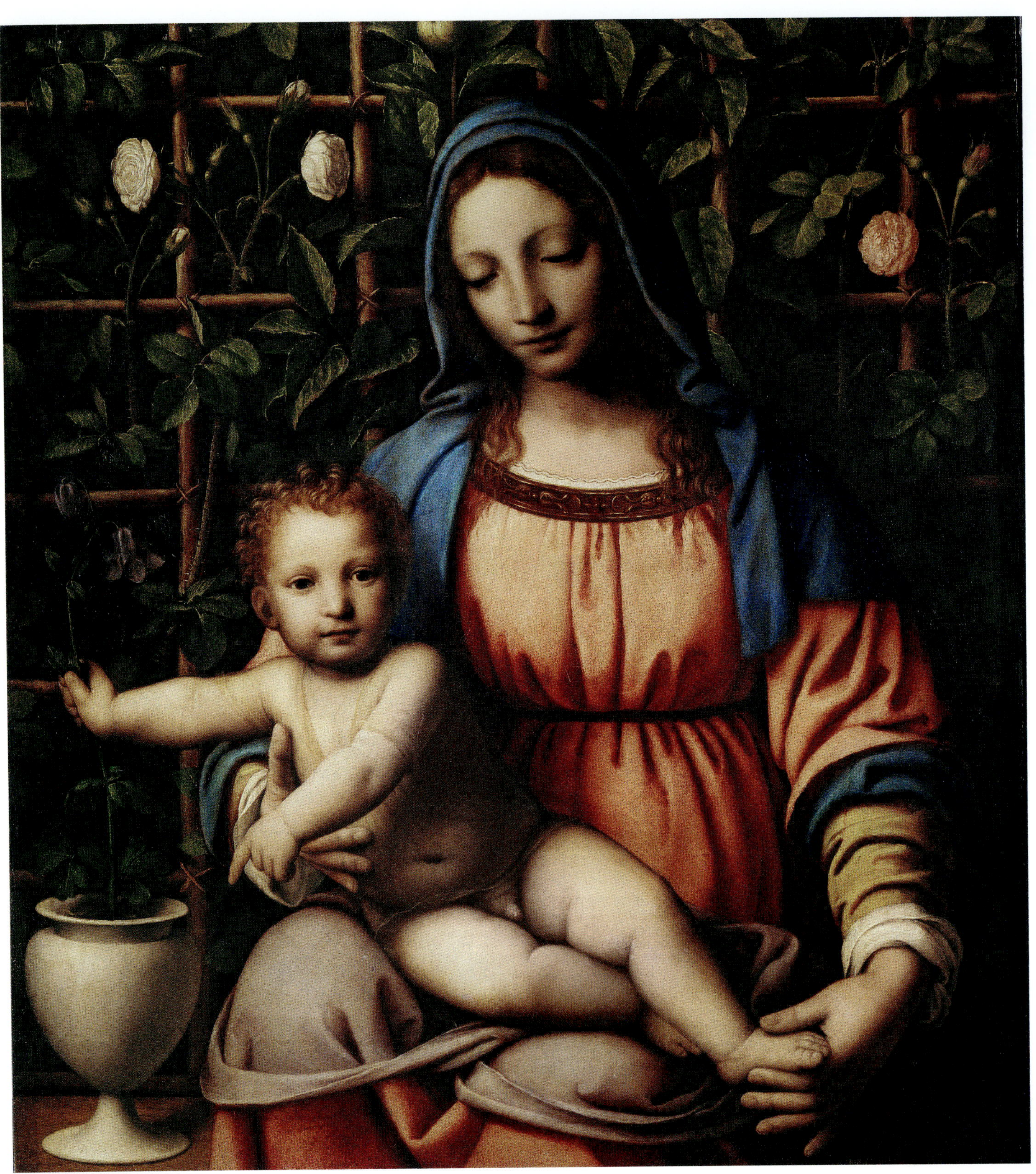

Fig. 35. Bernardino Luini, *La Virgen del rosal*, Pinacoteca di Brera, Milán

Fig. 36. Bernardino Luini, *La Virgen con el Niño*, colección Samuel H. Kress, National Gallery of Art, ciudad de Washington

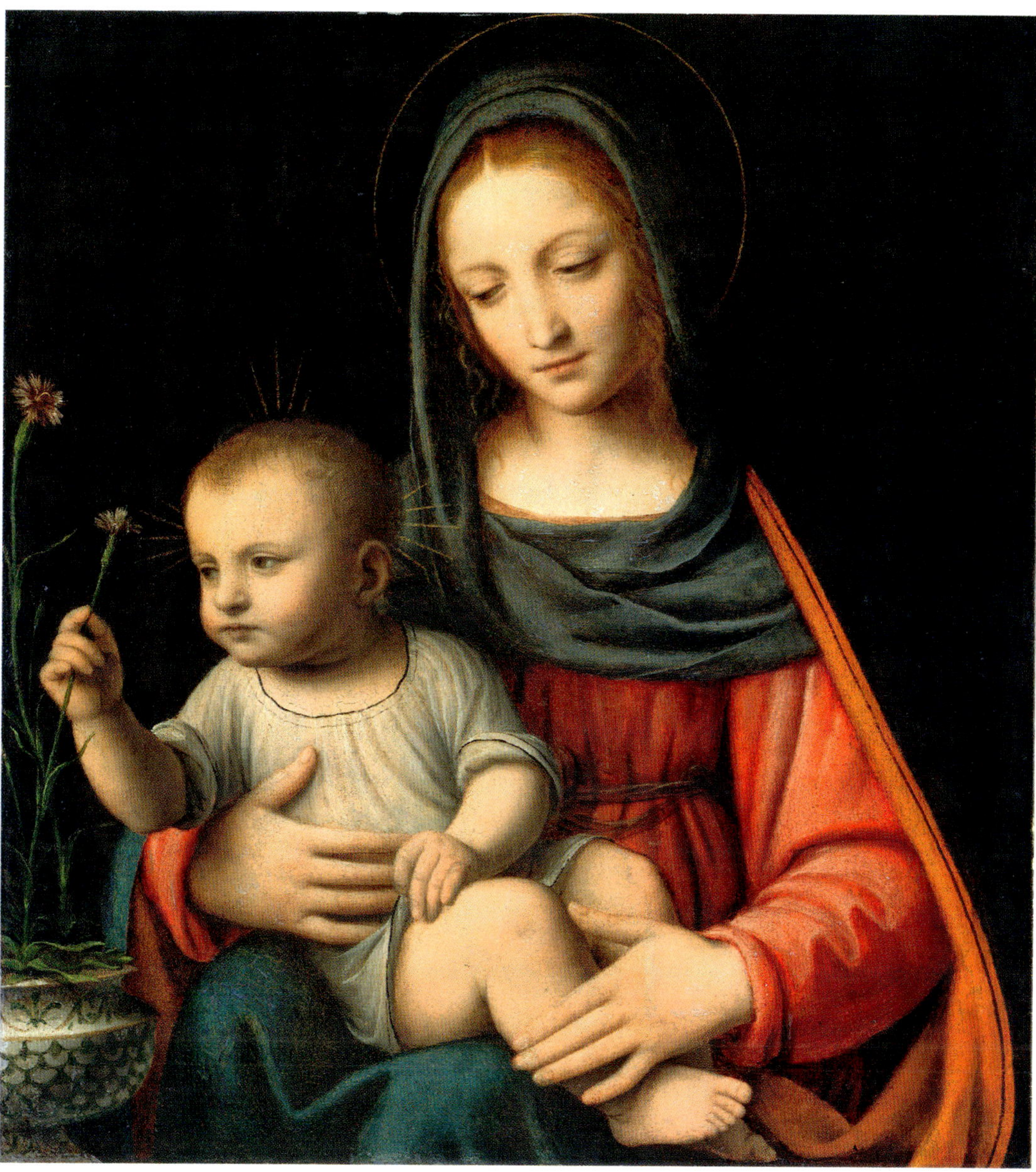

pocas obras de Luini que han sido investigadas científicamente. Los exámenes llevados a cabo a raíz del tratamiento de conservación al que se sometió la obra en 2014 revelaron que Luini, al contrario que Leonardo, utilizó una «técnica de ahorro, empleando finas películas de pintura aplicadas en pocas capas, en ocasiones solo dos»[99]. Los encarnados los pintó directamente sobre el fondo de *gesso* de la tabla, utilizando veladuras al óleo más oscuras para las sombras. La reflectografía infrarroja mostró además que el dibujo detectado bajo la superficie de la pintura era bastante básico, pues se limitaba a los contornos de las formas.

Con todo, el concepto que subyace en el retrato es todo menos sencillo. La psicología de la modelo, con su "sonrisa de Leonardo", provendría de la *Mona Lisa* (fig. 38)[100]. Mucho antes de que se convirtiera en el cuadro más famoso del mundo, la dinámica imagen de Leonardo de una mujer que se gira para enfrentarse al espectador sería tomada como modelo por otros artistas, especialmente en Florencia, donde Leonardo comenzó el retrato. Evidentemente Luini,

Fig. 37. Bernardino Luini, *Retrato de dama*, colección Andrew W. Mellon, National Gallery of Art, ciudad de Washington

desde Milán, recordaba el original o lo conocía en forma de copia, como una que se encuentra en el Prado[101]. Incluso podría haber visto un cartón preliminar (perdido) que pertenecía a Melzi. Para caracterizar a su modelo, Leonardo le otorgó el tipo facial y la expresión sonriente tan inconfundibles de su santa Ana (fig. 8). En otras palabras, aplicó un tipo ideal sobre los rasgos de una persona física. Como retrato idealizado, la *Mona Lisa* no transmite el carácter ni la apariencia reales de la modelo, que siguen sin conocerse. Siguiendo los pasos de Leonardo, Luini retrata a su personaje según un ideal de belleza femenina que se repite en sus otras obras de la década de 1520. La modelo tiene un "parecido familiar" con la *Flora* del artista (fig. 23), por ejemplo, así como sus madonas y santas. En lo que respecta a los retratos femeninos de Luini, al cuadro de Washington se uniría al precioso estudio de mujer con abanico que se encuentra en el Albertina de Viena[102]. Esta obra, realizada con una técnica mixta de tiza negra y de colores, tiene un formato similar al de la *Dama*, si bien en este caso la modelo, vestida a la moda de entonces, se presenta de manera realista, con su carácter y sus rasgos propios.

Leonardo había sido pionero en el uso de tizas de colores para los retratos, como se aprecia en el cartón que representa a Isabel de Este, de 1500, actualmente en el Louvre[103]. La propia Isabel sirvió de modelo para el tocado en forma de bola que lleva la dama de Luini en el cuadro de Washington. Colocado sobre un cabello impecablemente peinado con raya en medio, el *balzo* o *capigliara*, como se llamaba, difiere del velo de la *Mona Lisa*[104]. Como esposa de un comerciante florentino que era, la modelo de Leonardo aparece sobriamente vestida con un atuendo que no habría sido apropiado para una italiana de alta cuna en la década de 1520. De hecho, la solitaria imagen de Luini pertenece a una serie de mujeres aristócratas pintadas en varios centros de la península[105]. La retratada lleva un vestido negro de mangas abullonadas sobre una camisa color crema con cuello y un *zibellino* (piel de marta) como accesorio. Aun así, el tratamiento de estas prendas de gala por parte del artista parece comedido, en comparación con el contemporáneo *Retrato de dama* de Solario (fig. 39) que se encuentra en la Galleria Nazionale del Palazzo Barberini, en Roma[106]. Como secuelas de la *Mona Lisa*, ambos retratos remiten a Leonardo, si bien de maneras diferentes. Al igual que él, Solario muestra a su modelo girada en una silla, aunque en este caso con su verdadero rostro, en nada parecido al de sus madonas. Luini, por su parte, optó por tipificar a su modelo, centrándose en la fisonomía de Lisa más que en su pose. Ambos artistas muestran a sus personajes femeninos a la última moda, pero mientras que Solario le dedica una gran atención al opulento traje rojo y verde de la dama, Luini representa un atuendo similar con su habitual economización de medios.

Si bien es cierto que la conversión de Luini a la *maniera* leonardesca se basó en el estudio de más de una obra del maestro, este no proporcionaría ningún modelo para la llamada *Sagrada conversación*. Este tipo de retablo presentaba a la Virgen con el Niño rodeados de santos y a menudo se dividía en secciones separadas. Leonardo se había negado a pintar este tipo de políptico o retablo para San Francesco Grande; en su lugar, había realizado *La Virgen de las rocas* (fig. 4), en la que los protagonistas aparecen en un mismo espacio unificado. Cuarenta años más tarde, en 1523, Luini recibiría el encargo de pintar un políptico para el altar mayor de la basílica bramantesca de San Magno en Legnano, cerca de Milán. Esta imponente obra (fig. 40), que sigue colocada en el mismo lugar, está dispuesta en tres niveles con santos, uno encima de otro, flanqueando un gran panel central que representa a la Virgen y al Niño entronizados con ángeles, coronado por un frontón en el que aparece Dios Padre[107]. La predela monocromática, en cambio, presenta escenas de la pasión de Cristo. A la hora de cumplir con el encargo, Luini se enfrentó al problema de adaptar la lección que había aprendido de Leonardo al formato más tradicional prescrito por sus comitentes. Para organizar su composición, hizo que el elaborado escenario arquitectónico de las figuras fuera el mismo que el del marco y continuara de

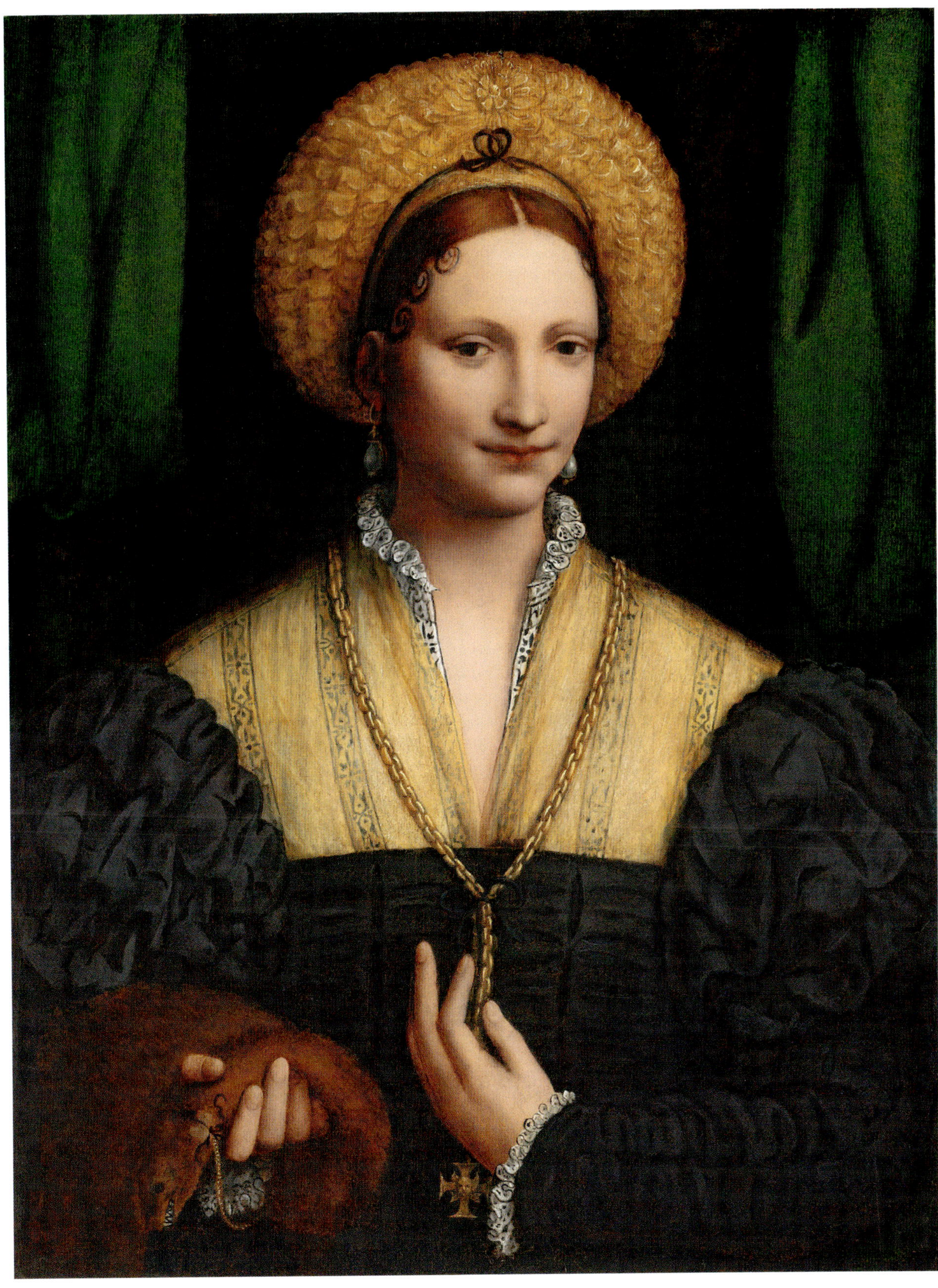

un compartimento a otro. Los santos, que aparecen arrodillados en los paneles laterales, conectan a la Virgen y al Niño con el espectador mediante los gestos y las miradas. Gracias a la estrategia de colocar a los santos en actitudes que recuerdan al ángel arrodillado de Leonardo, el retablo resulta comprensible en lo que se refiere al espacio. Las vivaces posturas de los ángeles músicos, así como la del Niño Jesús con el globo terráqueo en la mano, contrastan con la postura de la Virgen, que evoca la formalidad del arte lombardo más temprano. Por otro lado, el tipo facial de María y su expresión dulce y sonriente recuerdan específicamente a la *Santa Ana* de Leonardo (fig. 8) que se encuentra en el Louvre. La expresiva forma de las figuras, combinada con su intenso realismo, sugiere que cuando le encargaron pintar un retablo Luini volvió a estudiar el de Leonardo en San Francesco Grande[108]. En ese caso, el maestro había centrado la atención en los protagonistas en un entorno grutesco, reduciendo el color en favor de un esquema tonal de conjunto. De manera similar, Luini unifica los distintos elementos de su políptico mediante un ambiente oscurecido, además de modelar las figuras con profundidad y precisión, confiriéndoles una pronunciada tridimensionalidad, al igual que en la *Sagrada Familia* del Prado. Al colocar a los actores cerca de la superficie, la versión de Luini del claroscuro de Leonardo se combina con la rica coloración de sus vestimentas y el marco dorado para crear un suntuoso efecto a gran escala, sin parangón en la pintura lombarda. Su solución al problema de cómo pintar un retablo leonardesco gozaría del favor del público e inspiraría numerosas copias parciales, incluida una que perteneció a Federico Borromeo.

Las tablas de Luini que acabamos de examinar, junto con un retrato y un retablo más, son obras devocionales de medio cuerpo para uso privado, todas ellas con fondos oscuros y fechadas en la década de 1520. Este grupo podría ampliarse para incluir otras producciones leonardescas del artista, como *Santa Catalina con ángeles* que se encuentra en el Hermitage o la Virgen del Museo Nazionale di Capodimonte, en Nápoles[109]. Ahora bien, ¿qué relevancia tiene Leonardo respecto a las pinturas de Luini que no entran en esta categoría? En los frescos, como *La última cena* de Lugano o el *Salvator Mundi* del Louvre, la influencia del maestro se limita a los tipos faciales y los motivos, dado que el soporte no se prestaba al claroscuro[110]. En otros ejemplos, encontramos ingeniosas adaptaciones de Luini a partir de Leonardo, como la representación de medio cuerpo (fig. 41) que convierte al ángel de *La Virgen de las rocas* en un reacio José huyendo de la esposa de Putifar, actualmente en la colección del duque de Wellington en Apsley House, Londres[111]. Para entonces ya se sentía seguro y confiado a la hora de usar los modelos de Leonardo. La etapa final de su conexión con Leonardo está representada por *La Virgen con el Niño, san Juanito y un cordero* (fig. 42) del Museo Thyssen-Bornemisza, en Madrid[112]. Las numerosas copias realizadas atestiguan lo apreciada que era esta obra, en la que Luini retoma el tema de un fresco anterior (fig. 9) que se encuentra en el Museo Nazionale della Scienza de Milán. En esos casos, las derivaciones de las versiones de Leonardo sobre el mismo tema, por muy específicas que sean, carecen de fuerza y gracia. Las figuras sagradas y el cordero aparecen en una pose rígida y agrupados libremente, a la manera lombarda. El tratamiento del tema en la obra del Thyssen es más ambicioso, tanto en su imitación de Leonardo como en su atractivo de cara al espectador. La figura del Niño Jesús que tiende la mano hacia el cordero está simplemente invertida respecto al fresco, si bien en este caso su acompañante se inclina y coloca al animal arrodillado en la posición de reverencia que se observa en el original de Leonardo. En todas estas obras, al igual que en el cuadro de Luini de la Ambrosiana (fig. 31), Jesús agarra al cordero por la oreja. También se muestra arrodillada la Virgen, que sonríe con dulzura y se inclina solícitamente sobre los niños. A pesar de que ninguna de ellas imita exactamente a Leonardo, las figuras forman una unidad compacta y reflejan a la vez sus *moti dell'anima*, sus sentimientos más profundos, tanto en la pose como en la expresión. Cargada de emoción, la escena se sitúa en un muro de piedra ante un

Fig. 38. Leonardo da Vinci, *Mona Lisa*, Musée du Louvre, París

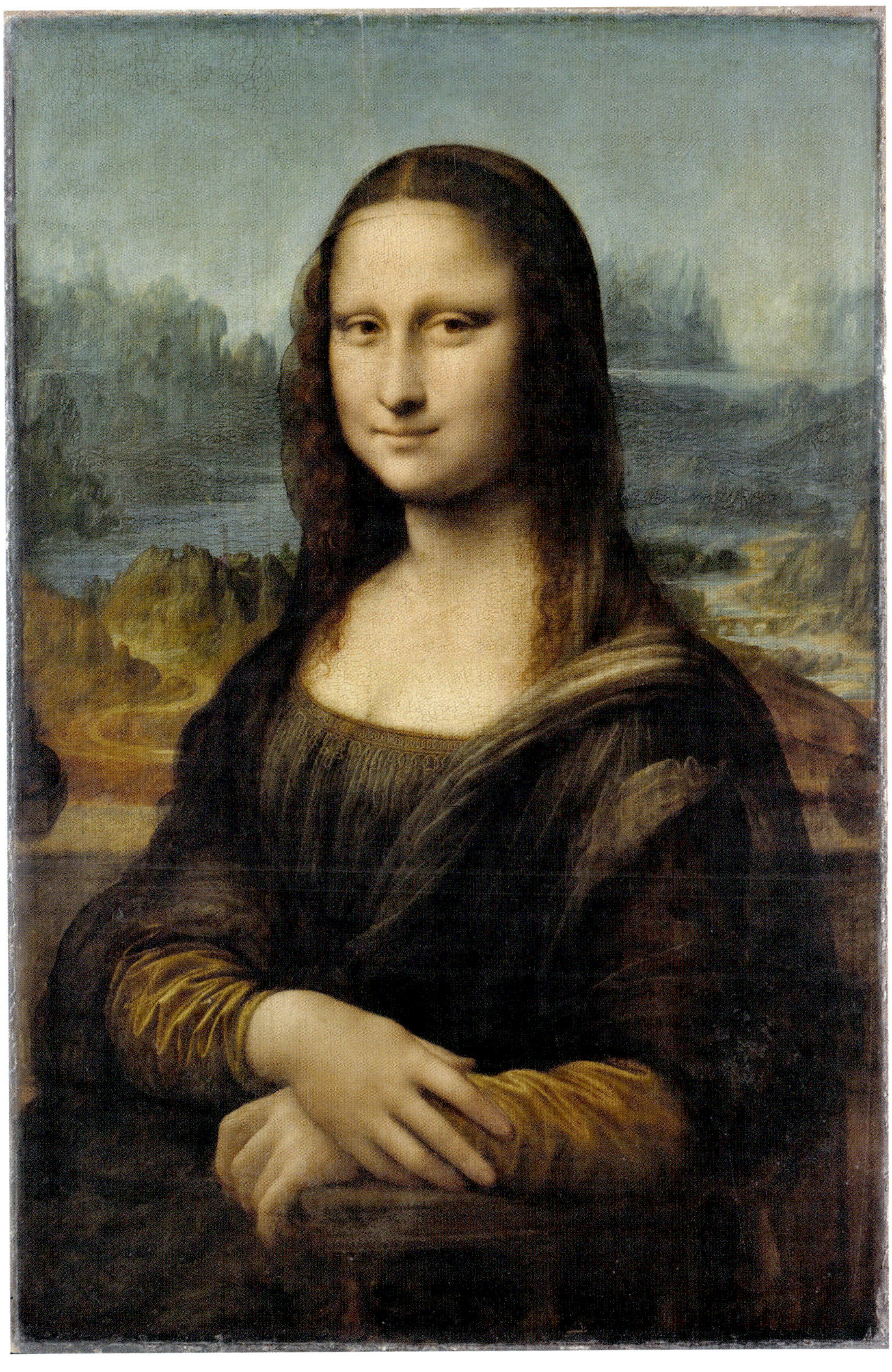

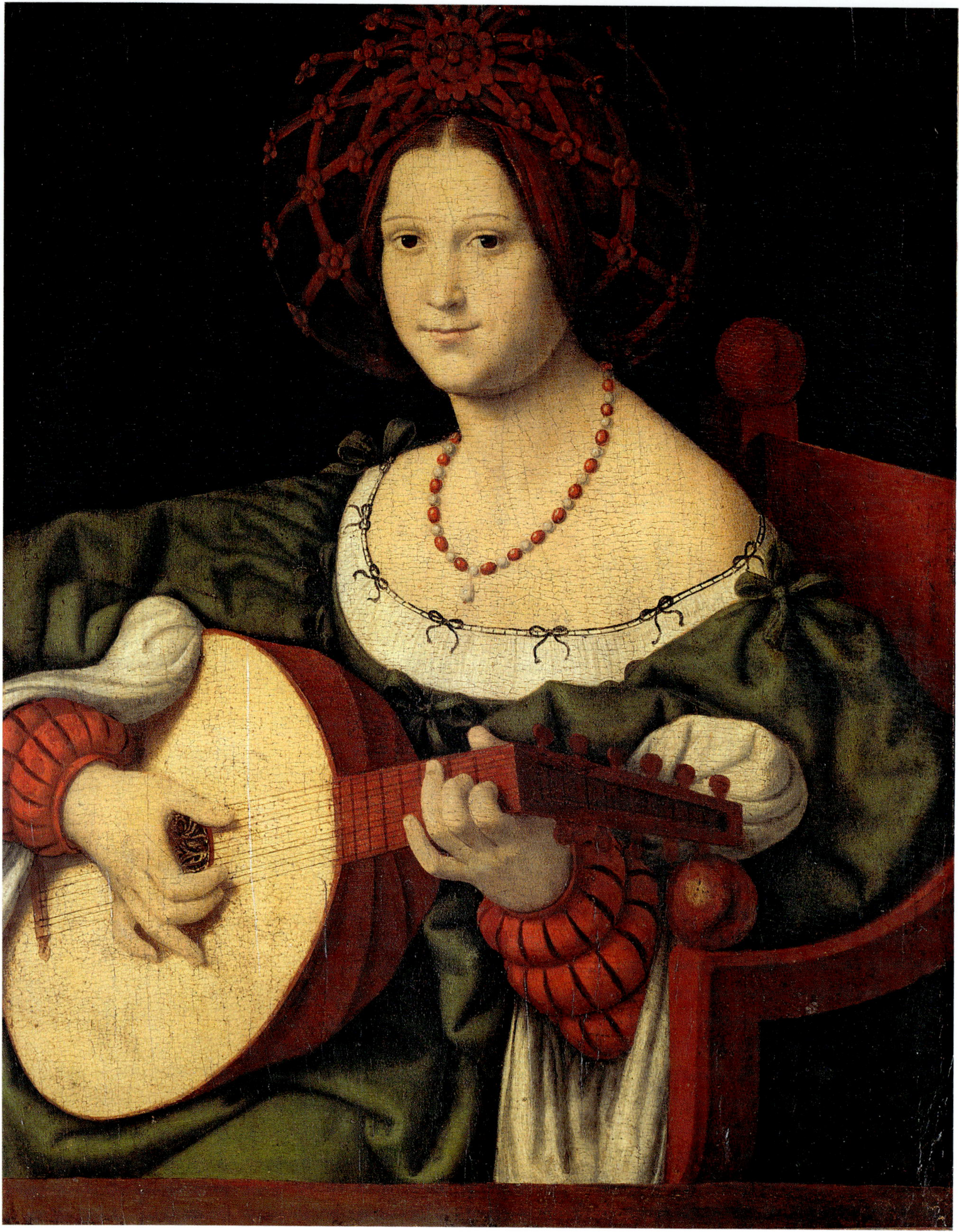

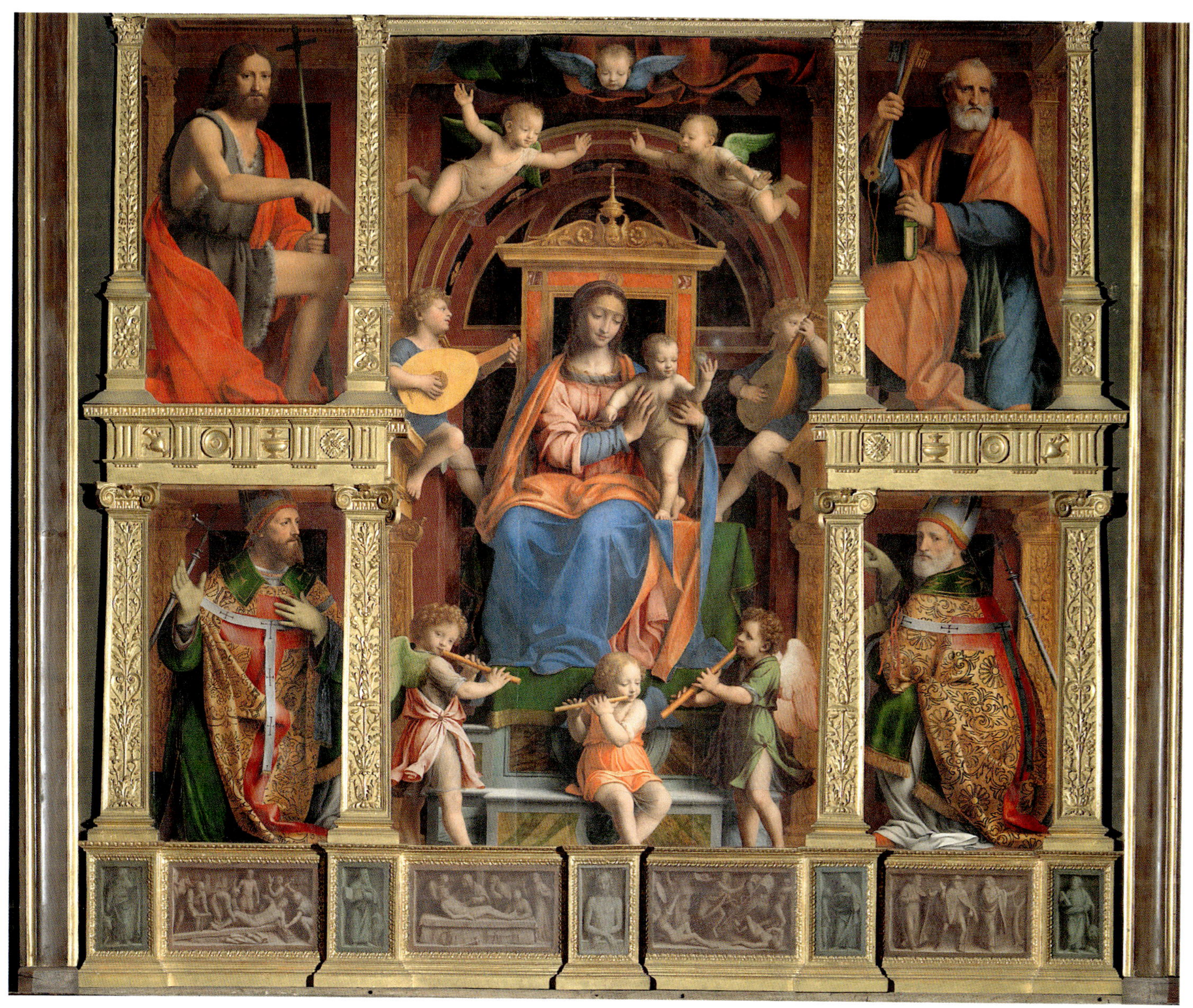

Fig. 39. Andrea Solario, *Retrato de dama*, Galleria Nazionale d'Arte Antica, Palazzo Barberini, Roma

Fig. 40. Bernardino Luini, *La Virgen y el Niño en el trono con santos y ángeles*, basílica de San Magno, Legnano (Milán)

paisaje lleno de actividad humana, como en el fresco, pero con lejanas montañas de fondo. El dominio de Luini del lenguaje leonardesco, basado en una mayor familiaridad con el mismo, era absoluto por aquel entonces. Sin embargo, pese a su madurez artística, el cuadro del Thyssen conserva la sencillez y la franqueza que Luini siempre buscó en su obra. Mirando a Leonardo a través de sus ojos, llegamos a comprender cómo este dotado seguidor se acercó al maestro no por imitación servil, sino con sus propios objetivos en mente. Borromeo se dio cuenta de que Luini era ante todo un artista devocional que pretendía ayudar a los fieles con sus oraciones basadas en imágenes. De pie o arrodillado frente a sus cuadros, el espectador podía sentirse emocional y espiritualmente conectado con sus temas: un diálogo que continúa hasta nuestros días.

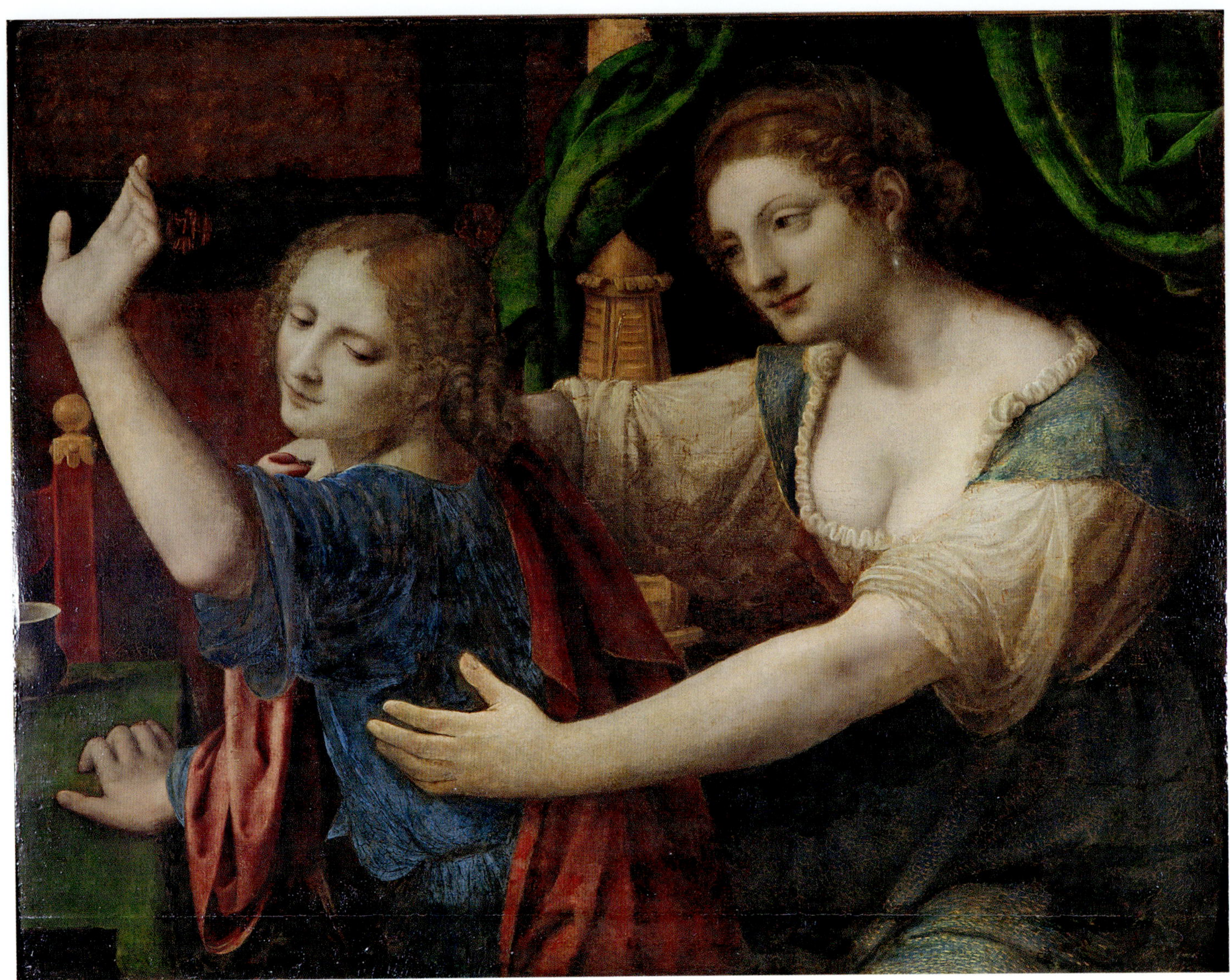

Fig. 41. Bernardino Luini, *José y la esposa de Putifar*, colección Wellington, Apsley House, Londres

[1] La relación entre forma y función en el arte devocional cristiano se explora en tres catálogos de exposición: Henk van Os, *The Art of Devotion in the Late Middle Ages in Europe 1300-1500*, Princeton, 1994; Gabriele Finaldi (ed.), *The Image of Christ*, para la muestra «Seeing Salvation», Londres, 2000; y Linda Seidel (ed.), *Pious Journeys. Christian Devotional Art and Practice in the Later Middle Ages and Renaissance*, Chicago, 2001. La mayor parte de la bibliografía trata de la Edad Media y la Contrarreforma, es decir, antes y después del periodo que nos ocupa.

[2] Giorgio Vasari, *Le Vite de più Eccellenti Pittori Scultori ed Architettori*, Gaetano Milanesi (ed.), 9 vols., Florencia, 1878-85, vol. IV, 1879, p. 585; y vol. V, 1880, pp. 519-520. Para una relación completa de la fortuna crítica de Luini, véase Cristina Quattrini, *Bernardino Luini*, Milán, 2019, pp. 6-25.

[3] Giovanni Paolo Lomazzo, *Scritti sull'arte*, Roberto Paolo Ciardi (ed.), 2 vols., Florencia, 1973-75.

[4] Luigi Lanzi, *Storia Pittorica della Italia dal Risorgimento delle Belle Arti fin presso la Fine del XVIII Secolo* (ed. orig. Bassano, 1795-96), Martino Capucci (ed.), 3 vols., Florencia, 1968-74, vol. II, 1970, pp. 310-313. La idea, que se remonta a Lanzi, de que Luini se retrató a sí mismo y a Leonardo como ancianos barbudos en uno de los frescos de Saronno es fantasiosa, ya que se trata de tipos genéricos.

[5] Franz Theodor Kugler, *Handbook of Painting. The Italian Schools* (ed. orig. en alemán, Berlín, 1837), Charles Lock Eastlake (ed.), 2 vols., Londres, 1869, vol. II, pp. 291-293; y Alexis-François Rio, *Leonardo da Vinci e la sua Scuola* (ed. orig. en francés, París, 1855), V. G. De Castro (trad.), Milán, 1856, pp. 127-136.

[6] John Christian, «Burne-Jones's Second Italian Journey», en *Apollo*, vol. CII, n.º 165, noviembre de 1975, pp. 334-337; y Colin Harrison y Christopher Newall, *The Pre-Raphaelites and Italy* (catálogo de exposición), Ashmolean Museum, Oxford, 2010, cat. 52, pp. 100-101.

[7] John Ruskin, «The Cestus of Aglaia», 1865-66, en E. T. Cook y A. Wedderburn (eds.), *The Works of John Ruskin*, 39 vols., Londres, 1903-12, vol. XIX, 1905, pp. 130-131.

[8] Cook y Wedderburn (eds.), *Works*, vol. XXI, 1906, p. 125.

[9] Herbert Cook (ed.), *Illustrated Catalogue of Pictures by Masters of the Milanese and Allied Schools of Lombardy* (catálogo de exposición), Burlington Fine Arts Club, 1898, Londres, 1899; y George C. Williamson, *Bernardino Luini*, Londres, 1899.

[10] Bernard Berenson, *North Italian Painters of the Renaissance*, Nueva York y Londres, 1907, pp. 108, 117-119. Se hace eco de esta opinión Sydney J. Freedberg en *Painting in Italy 1500 to 1600*, Pelican History of Art Series, Harmondsworth, 1971, pp. 264-265.

[11] Adolfo Venturi, *Storia dell'Arte Italiana. IX. La Pittura del Cinquecento. Parte II*, Milán, 1926, pp. 763-768, p. 753.

[12] Luca Beltrami, *Bernardino Luini 1512-1532. Materiale di Studio*, Milán, 1911.

[13] Angela Ottino Della Chiesa, *Bernardino Luini*, Novara, 1956, pp. 48-53. Tres años antes, la autora organizó una exposición dedicada a Luini en Como. Roberto Longhi (*Officina Ferrarese, 1934. Seguito dagli Ampliamenti 1940 e dai Nuovi Ampliamenti 1940-55*, Florencia, 1956, pp. 123-171) también consideraba a Luini como un precursor lombardo del naturalismo de Caravaggio.

[14] Maria Teresa Binaghi Olivari, *Bernardino Luini*, Milán 2007, en referencia a sus contribuciones especializadas que relacionan a Luini con la reforma religiosa que tuvo lugar en la Milán de principios del siglo XVI, inspirada en la casi herética *Apocalypsis Nova* del franciscano Amadeo Mendes de Silva. Su noción de la influencia del movimiento en sentido amplio (pp. 17-19) ha sido redimensionada por estudiosos posteriores para incluir únicamente la iconografía de algunas obras específicas, como el ciclo de frescos sobre san José que se encuentra en Brera (Quattrini, *Luini*, 2019, cat. 26, pp. 174-183).

[15] Giovanni Agosti y Jacopo Stoppa (eds.), *Bernardino Luini e i suoi figli* (catálogo de exposición), Palazzo Reale, Milán, 2 vols., Milán, 2014; y Quattrini, *Luini*, 2019. Para más información sobre Luini, véase Giulio Bora, «Bernardino Luini», en Giulio Bora, Maria Teresa Fiorio, Pietro C. Marani y Janice Shell (eds.), *The Legacy of Leonardo. Painters in Lombardy 1490-1530*, Milán, 1998, pp. 325-370.

[16] Maria Cecilia Cavallone, Giacomo Giannelli y Egon Tagliabue en Agosti y Stoppa (eds.), *Luini*, 2014, vol. 2, cat. 4, pp. 39-41; y Quattrini, *Luini*, 2019, cat. 17, pp. 146-147.

[17] Para la tradición del naturalismo lombardo, véase: Andrea Bayer, «Defining Naturalism in Lombard Painting», en Andrea Bayer (ed.), *Painters of Reality. The Legacy of Leonardo and Caravaggio in Lombardy* (catálogo de exposición), Metropolitan Museum of Art, Nueva York, 2004, pp. 2-19; y Nicholas Hall y Virginia Brilliant, *Faithful to Nature. Eleven Lombard Paintings 1530-1760*, Nueva York, 2019.

[18] La literatura sobre las dos versiones de *La Virgen de las rocas* es infinita. Véase Luke Syson en Luke Syson y Larry Keith (eds.), *Leonardo da Vinci. Painter at the Court of Milan* (catálogo de exposición), National Gallery, Londres, 2011, pp. 160-175. Las observaciones que siguen retoman el debate en David Alan Brown, *Leonardo da Vinci. Art and Devotion in the Madonnas of his Pupils*, Cinisello Balsamo, Milán, 2003, pp. 43-48.

[19] Edoardo Villata, *Leonardo da Vinci. I Documenti e le Testimonianze Contemporanee*, Milán, 1999, n.º 67, pp. 72-73: «che dicti Scolari non sono in talibus experti et quod cechus non iudicat de colore».

[20] Los exámenes técnicos y el tratamiento de *La Virgen de las rocas* (véase la nota siguiente) demostraron que Leonardo aplicó la pintura de fondo y completó gran parte del cuadro en la década de 1490, mientras que los últimos retoques los dio entre 1506 y 1508. La ejecución de las figuras parece en gran medida autógrafa, si bien el entorno del paisaje carece con toda evidencia de la precisión geológica y botánica de las formaciones rocosas y las plantas de la versión del Louvre. Aunque algunos detalles, como las cabezas de la Virgen y el ángel, son manifiestamente superiores a los trabajos de sus pupilos, resulta difícil dilucidar quién ayudó al maestro. Antiguamente se consideraba que el ayudante de Leonardo era Ambrogio de Predis, a quien se le atribuía la mayor parte o la totalidad del cuadro. La única parte de la pieza de altar que se considera suya en la actualidad es el ángel vestido de rojo pintado en uno de los dos paneles laterales, que también se encuentra en la National Gallery. Entre los pupilos de Leonardo en la década de 1490, se ha propuesto asimismo a Marco d'Oggiono y Boltraffio como colaboradores suyos (Pietro C. Marani, *Leonardo. Una Carriera di Pittore*, Milán, 1999, pp. 137-155). Un candidato más probable, quizás, sería Francesco Napoletano, que pintó el ángel vestido de verde (Brown, *Art and Devotion*, 2003, p. 48). La Virgen de Francesco perteneciente a la Kunsthaus de Zúrich traduce directamente *La Virgen de las rocas* a un formato de medio cuerpo. Kenneth Clark ya propuso al autor de esta madona como ayudante de Leonardo (*Leonardo da Vinci. An Account of his Development as an Artist*, Cambridge, 1939, p. 143).

[21] Larry Keith, «The Virgin of the Rocks», en *Leonardo*, Syson y Keith (eds.), 2011, pp. 63-71.

[22] Sobre Leonardo y la óptica, véase Francesca Fiorani y Alessandro Nova (eds.), *Leonardo da Vinci and Optics. Theory and Practice*, Venecia, 2013; y Francesca Fiorani, *The Shadow Drawing. How Science Taught Leonardo How to Paint*, Nueva York, 2020.

[23] Véase, con una datación posterior, Quattrini, *Luini*, 2019, cat. 83, pp. 269-270.

[24] Marilyn Arenberg Lavin, «Giovannino Battista: A Study in Renaissance Religious Symbolism», en *The Art Bulletin*, vol. XXXVII, n.º 2, junio de 1955, pp. 85-101; y vol. XLIII, n.º 4, diciembre de 1961, pp. 319-326. Para la fuente, véase Domenico Cavalca, *Vite scelte de' santi padri*, Francesco Costero (ed.), Milán, 1879, pp. 233-239.

[25] Sobre el llamado cartón de Burlington, véase Syson en Syson y Keith (eds.), *Leonardo*, 2011, cat. 86, pp. 288-291; y Vincent Delieuvin en Vincent Delieuvin (ed.), *Saint Anne. Leonardo da Vinci's Ultimate Masterpiece* (catálogo de exposición), Museo del Louvre, París, 2012, cat. 11, pp. 56-59, que manejan en ambos casos una fecha de alrededor de 1500. Carmen C. Bambach se inclina por una datación más tardía del cartón, hacia 1506-08. «Leonardo's St. Anne Types and the Dating of the National Gallery Cartoon», en *Leonardo in Britain. Collections and Historical Reception* (actas de congreso), Londres, 2016, Juliana Barone y Susanna Avery-Quash (eds.), Florencia, 2019, pp. 59-71.

[26] Los bocetos del British Museum ofrecen la mejor prueba para la datación del dibujo en un momento posterior. Véase Carmen C. Bambach, en Carmen C. Bambach (ed.), *Leonardo da Vinci Master Draftsman* (catálogo de exposición), Metropolitan Museum of Art, Nueva York, 2003, cat. 96,

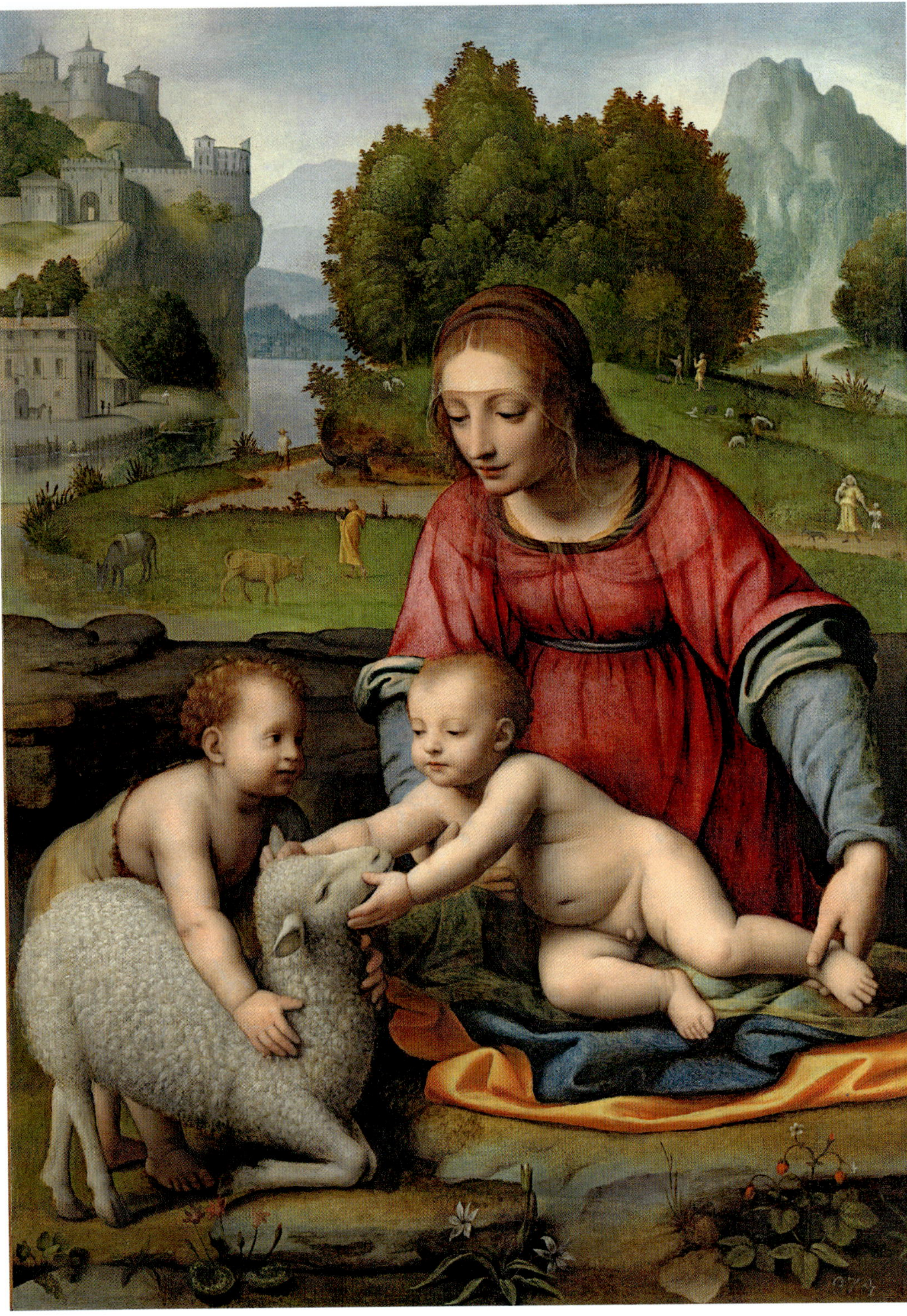

Fig. 42. Bernardino Luini, *La Virgen con el Niño, san Juanito y un cordero*, Museo Thyssen-Bornemisza, Madrid

pp. 525-528. Syson, en Syson y Keith (eds.), *Leonardo*, 2011, cat. 85, pp. 284-285, y Delieuvin en *Saint Anne*, Delieuvin (ed.), 2012, cat. 10, pp. 53-56, fechan ambas obras hacia 1500. En cualquier caso, el cartón estuvo a disposición de Luini durante el segundo periodo milanés de Leonardo.

[27] Al citar el cartón, Marani (*Leonardo*, 1999, pp. 262-266) afirma que Leonardo estudió la estatuaria antigua durante un supuesto viaje a Roma a finales de siglo.

[28] Delieuvin (ed.), *Saint Anne*, 2012, cat. 66, pp. 205-08.

[29] Villata, *Leonardo*, 1999, doc. 256, pp. 221-223.

[30] Sobre el fresco véase Maria Teresa Binaghi Olivari, *Disegni e dipinti leonardeschi dalle collezioni milanesi* (catálogo de exposición), Palazzo Reale, Milán, 1987, cat. 71, pp. 142-143; Roberto Cara en *Luini*, Agosti y Stoppa (eds.), 2014, vol. 1, cat. 51, pp. 238-241; y Quattrini, *Luini*, cat. 59, pp. 224-226. El autor agradece a Claudio Giorgione y a Ida Morisetti por haberle facilitado el estudio del cuadro.

[31] Marco Carminati, *Cesare da Sesto 1477-1523*, Milán y Roma, 1994, cat. 12, pp. 153-156; y Andrea di Lorenzo, en Stefania Tullio Cataldo (ed.), *Leonardo in Francia. Il maestro e gli allievi 500 anni dopo la traversata delle Alpi 1516-2016* (catálogo de exposición en la Embajada de Italia), París, 2016, pp. 336-355.

[32] Giorgio Vasari (*Vite*, ed. Milanesi, vol. IV, 1879, p. 38) describe un cartón de la Virgen y el Niño con santa Ana realizado por Leonardo que incluía tanto al pequeño Bautista como al cordero, si bien su relato (al no haber sido testigo presencial) parece mezclar más de una versión del tema. Aunque los estudiosos han detectado la presencia de un cordero en el folio con bocetos del British Museum para el cartón de Londres, no hay consenso sobre este punto.

[33] Para el estudio de la cabeza de Cristo que se encuentra en la Accademia de Venecia, véase Pietro C. Marani en Bambach (ed.), *Leonardo*, 2003, cat. 62, pp. 423-426.

[34] La composición de *Cristo llevando la cruz* de Leonardo, citada en la nota anterior, era conocida por Solario, quien la tomó como modelo para sus propios tratamientos del tema, los cuales influyeron a su vez en Luini. Para Solario, véase David Alan Brown, *Andrea Solario*, Milán, 1987, cat. 20, p. 143, cat. 57, p. 280 y cat. 72, p. 286; y para Luini, véase Quattrini, *Luini*, 2019, cat. 109, pp. 297-99.

[35] Brown, *Solario*, 1987, cat. 31, p. 149. Para la versión de Luini que se encuentra en el Wallraf-Richartz Museum de Colonia, véase Brown, *Solario*, 1987, pp. 255 y 277; y Quattrini, *Luini*, 2019, cat. 147, pp. 380-381.

[36] Marco Flamine en Agosti y Stoppa (eds.), *Luini*, 2014, cat. 15, pp. 112-121; y Quattrini, *Luini*, 2019, cat. 48, pp. 207-213.

[37] Benedetta Spadaccini en Agosti y Stoppa (eds.), *Luini*, vol. I, 2014, cat. 21, pp. 146-147; y Quattrini, *Luini*, cat. 7, pp. 433-434.

[38] Sobre el retablo destruido de Foppa, anteriormente en el Museo Kaiser Friedrich de Berlín, véase Mauro Natale en Mina Gregori (ed.), *Pittura a Milano. Rinascimento e Manierismo*, Milán, 1998, p. 220 y fig. 45.

[39] El motivo de la mujer histérica reaparece en la *Lamentación* de Zenale de la iglesia de San Giovanni Evangelista, en Brescia, citada como fuente del dibujo de Luini por Quattrini (véase la nota anterior y Cristina Quattrini, *Brera mai vista. Lo Schermo di Cam. Un dipinto riscoperto di Bernardino Luini*, Milán, 2006, pp. 25-26 y figs. 13-15). El pintor y arquitecto lombardo Zenale (hacia 1460-1526) proporciona otro vínculo entre Leonardo y Luini: era amigo del primero, según Vasari y Lomazzo, y se asoció con el segundo en 1516 (Quattrini, *Luini*, 2019, p. 45). Al parecer, Luini y Zenale colaboraron en la gran *Anunciación*, atribuida tanto a uno como al otro, que se encuentra en Brera, con el arcángel Gabriel y todos los ángeles del aire excepto uno de Bernardino y el resto de la pintura, incluida la elaborada ambientación arquitectónica, de Zenale. La *Virgen y el Niño con santos* de 1510 del artista veterano, anteriormente en San Francesco Grande y en la actualidad en el Art Museum de Denver, presenta una especie de gruta arquitectónica inspirada en el retablo pintado por Leonardo para la misma iglesia.

[40] Brown, *Solario*, 1987, pp. 99, 105-106 y 110 y cat. 28, pp. 147-148.

[41] Brown, *Solario*, 1987, cat. 29, p. 148 y fig. 93.

[42] Sobre esta pintura, que parece haber influido en la llamada *Pala Busti* de Zenale, realizada entre 1515 y 1518, también en Brera (Quattrini, *Brera*, 2006, pp. 26-28 y figs. 5, 16-18), véase Chiara Battezzati y Giovanni Renzi en Agosti y Stoppa (eds.), *Luini*, 2014, vol. 1, cat. 20, pp. 138-142; y Quattrini, *Luini*, 2019, cat. 45, pp. 203-205. Otros motivos de la *Lamentación* se repiten en el fresco de Luini sobre el tema para el coro de las monjas de la iglesia de San Maurizio al Monastero Maggiore, Milán (Quattrini, *Luini*, 2019, cat. 71b, pp. 244-245); la predela del retablo de Trivulzio para la catedral de Como (Quattrini, Luini, 2019, cat. 50, pp. 214-215); la predela del políptico de San Magno, en Legnano (Quattrini, *Luini*, cat. 113, pp. 302-303); y la escena de la *Lamentación* en el fondo de la *Crucifixión* de Lugano (Quattrini, *Luini*, 2019, cat. 142.08, p. 365).

[43] Patrizio Aiello en Agosti y Stoppa (eds.), *Luini*, 2014, vol. 1, cat. 22, pp. 148-50; y Quattrini, *Luini*, 2019, cat. 47, pp. 206-207.

[44] Bora en Bora et al. (eds.), *Legacy*, 1998, p. 344.

[45] Carolyn Wilson, «Focus on Luini's Houston Pieta», en *Arte Lombarda*, vol. CXII, n.º 1, 1995, pp. 39-42; y Carolyn Wilson, *Italian Paintings. XV-XVI Centuries in the Museum of Fine Arts, Houston*, Londres, cat. 29, pp. 300-303.

[46] Cristina Fraccaro en G. C. Sciola (ed.), *Ambrogio da Fossano detto il Bergognone: un Pittore per la Certosa* (catálogo de exposición), cartuja de Pavía, Milán, 1998, cat. 61, pp. 336-337.

[47] Bora en Bora et al. (eds.), *Legacy*, 1998, pp. 342-44; Giovanni Renzi en Agosti y Stoppa (eds.), *Luini*, 2014, vol. 2, cat. 5, pp. 43-46; y Quattrini, *Luini*, 2019, cat. 50, pp. 214-217. Trivulzio, vestido de cardenal, fue elevado al purpurado en 1517 y renunció al cargo de obispo al año siguiente (Binaghi Olivari, *Luini*, 2007, p. 25).

[48] Sobre esta obra, véase Quattrini, *Luini*, 2019, cat. 121, pp. 328-330. Tatiana Kustodieva en Tatiana Kustodieva y Susanna Zatti (eds.), *Leonardeschi. De Foppa a Giampietrino. Dipinti dall'Ermitage di San Pietroburgo e dai Musei Civici di Pavia* (catálogo de exposición), Castello Visconteo, Pavía, 2011, cat. I.15, pp. 60-61, señala que la figura de san Juan está inspirada en el san Felipe de Leonardo.

[49] Sotheby's, Nueva York, 25 de enero de 2007, lote 34, pp. 86-89; y Vincent Delieuvin en Cataldo (ed.), *Leonardo in Francia*, 2016, pp. 282-291.

[50] Janice Shell, «Gian Giacomo Caprotti, called Salai», en Bora et al. (eds.), *Legacy*, 1998, pp. 397-406.

[51] Bertrand Jestaz, «François Ier, Salai, et les tableaux de Léonard», en *Revue de l'Art*, vol. 126, n.º 4, pp. 68-72.

[52] Villata, *Documenti*, 1999, n.º 323, pp. 275-78, traducido al inglés en Martin Kemp (ed.), *Leonardo on Painting*, New Haven y Londres, 1989, pp. 275-278.

[53] Giorgio Vasari, *Vite*, Milanesi (ed.), vol. IV, 1879, pp. 34-35.

[54] Villata, *Documenti*, 1999, n.º 32, pp. 284-285.

[55] Pietro C. Marani, «A New Date for Francesco Melzi's *Young Man with a Parrot*», en *The Burlington Magazine*, vol. CXXXI, n.º 1036, julio de 1989, pp. 479-481. Sobre Melzi, véase Pietro C. Marani en Bora et al. (eds.), *Legacy*, 1998, pp. 371-384; Francesco Sorce, «Melzi, Francesco», en el *Dizionario Biografico degli Italiani*, vol. 73, pp. 392-94; y Carmen C. Bambach, *Leonardo da Vinci Rediscovered*, 4 vols., New Haven y Londres, 2019, vol. III, pp. 519-533 y 591-594.

[56] Se agradece a los conservadores Neville Rowley y Roberto Contini por la información de que la firma, señalada por Mariette en el siglo XVIII, que aparece en la piedra junto al pie izquierdo de Vertumno, está ahora borrada, salvo dos letras.

[57] Bambach (ed.), *Leonardo*, 2003, cat. 120, pp. 640-641.

[58] Bambach, *Leonardo*, 2019, vol. III, pp. 287-288 y 524-526. Aparentemente, las anotaciones de Leonardo en el reverso, fechadas por Bambach hacia 1510, son anteriores al estudio de un pie realizado por Melzi y al boceto de una montaña de Leonardo que aparecen juntos en el anverso. El folio parece haber sido reutilizado primero por Melzi y más tarde por Leonardo. El autor data el cuadro hacia 1520.

[59] Tatiana Kustodieva (*Flora Restored. Francesco Melzi's Flora, its history and recent restoration*, Hermitage Foundation UK, Londres, 2021) informa de que la firma original en letras griegas ya no puede detectarse en la pintura. La supresión parcial o total del nombre de Melzi en los cuadros de Berlín y del Hermitage sugiere que sus propietarios deseaban darles más valor haciéndolos pasar por obras de Leonardo (Emily Burns, *Leonardo's Legacy: Francesco Melzi and the Leonardeschi*, www.nationalgallery.org.uk).

[60] Sobre los estudios botánicos de Leonardo, destinados también a ilustrar su planeado tratado de pintura, véase William A. Emboden, *Leonardo da*

Vinci on Plants and Gardens, Portland, Oregón, 1987; y Francis Ames-Lewis, «Leonardo's Botanical Drawings», en *Achademia Leonardi Vinci. Journal of Leonardo Studies & Bibliography of Vinciana*, vol. X, 1997, pp. 117-124.

[61] Sobre Melzi como copista de los estudios botánicos de Leonardo, véase Bambach, *Leonardo*, 2019, vol. III, p. 530 y lám. 13.47.

[62] Bambach, *Leonardo*, 2019, vol. III, p. 592, y vol. IV, notas 40 y 41 en pp. 420-421.

[63] Una de las copias fue subastada en Christie's, Londres, el 4 de julio de 2012 (lote 108). Adquirida por una suma muy elevada, esta versión de la composición se colocó junto al original en el Hermitage en 2016. Otra buena copia, anteriormente en la colección Holford, Dorchester House, Londres, donde se atribuyó a Luini, se encuentra en el Virginia Museum of Fine Arts de Richmond, Virginia. El autor agradece al conservador Sylvain Cordier por la oportunidad de examinar esta obra.

[64] Marina Minozzi en Stefania Tullio Cataldo (ed.), *Leonardo in Francia. Il Maestro e gli Allievi 500 Anni dopo la Traversata delle Alpi, 1516-2016* (catálogo de exposición en la Embajada de Italia), París, 2016, pp. 292-305; y Vincent Delieuvin en *La Joconde Nue* (catálogo de exposición), Musée Condé, Chantilly, París, 2019, cat. 13, pp. 98-107. Otra fuente para esta obra parece ser la llamada *Monna Vanna* perteneciente a una colección particular suiza, atribuida a Salai (véase Carlo Pedretti en *Il Cinquecento Lombardo. Da Leonardo a Caravaggio* [catálogo de exposición en el Palazzo Reale], Flavio Caroli (ed.), Milán, 2000, cat. III.33, pp. 136-137.

[65] Quattrini, *Luini*, 2019, cat. 28, pp. 448-449.

[66] Bambach, *Leonardo*, 2003, cat. 75, pp. 463-465.

[67] Sobre las cabezas grotescas en general, véase Martin Clayton, *Leonardo da Vinci. The Divine and the Grotesque* (catálogo de exposición), The Queen's Gallery, Holyrood House, Edimburgo, y Buckingham Palace, Londres, 2002; y Bambach, *Leonardo*, 2019, vol. I, pp. 457-472.

[68] Clayton, *Grotesque*, 2002, cat. 38, pp. 88-89; y Bambach (ed.), *Leonardo*, 2003, pp. 526-527.

[69] Bambach, *Leonardo*, 2019, vol. III, pp. 595-596 y lám. 14.9, que muestra el folio antes de su restauración, y vol. IV, p. 423 nota 68. El fragmento separado con el perfil del hombre fue inexplicablemente rechazado por Quattrini (*Luini*, 2019, cat. 38, pp. 456-457).

[70] Ciardi (ed.), Lomazzo, *Scritti*, vol. I, 1973, p. 290, y vol. II, 1974, p. 315.

[71] Bambach, *Leonardo*, 2019, vol. III, p. 568 y lám. 13.85.

[72] Dos perfiles de "cascanueces" aparecen en un folio con estudios de Luini (Quattrini, *Luini*, 2019, cat. 35, pp. 454-455).

[73] Quattrini, *Luini*, 2019, cat. 163, pp. 400-402.

[74] Giulio Bora en Luciano Caramel (ed.), *Pinacoteca Ambrosiana. 1. Dipinti dal medioevo alla Metà del Cinquecento*, Milán, 2005, cat. 49, pp. 162-165; Giovanni Agosti y Jacopo Stoppa en Agosti y Stoppa (eds.), *Luini*, 2014, vol. I, cat. 79, pp. 312-315; y Quattrini, *Luini*, 2019, cat. 161, pp. 396-398.

[75] Lomazzo, en Ciardi (ed.), *Scritti*, vol. II, 1974, p. 150.

[76] Sobre la hipotética procedencia de Leonardo a Melzi y de este a Bernardino y Aurelio Luini, véase Bambach, *Leonardo*, 2019, vol. IV, nota 173, p. 314.

[77] Pamela M. Jones, *Federico Borromeo and the Ambrosiana. Art Patronage and Reform in Seventeenth-Century Milan*, Cambridge, Massachusetts, 1993.

[78] Pamela M. Jones, «Defining the Canonical Status of Milanese Renaissance Art: Bernardino Luini's Paintings for the Ambrosian Accademia del Disegno», en *Arte Lombarda*, vol. C, n.º 1, 1992, pp. 89-94. El grupo incluye la *Magdalena* de Luini de la National Gallery of Art, en la ciudad de Washington. La pintura se basa en una composición de Leonardo conocida por dos bocetos enmarcados que se encuentran en la Courtauld Institute Gallery de Londres. Véase Pamela M. Jones, «Bernardino Luini's Magdalene from the Collection of Federico Borromeo. Religious Contemplation and Iconographic Sources», en *Studies in the History of Art*, National Gallery of Art de la ciudad de Washington, vol. 24, 1990, pp. 67-72. Luke Syson (en Syson y Keith eds., *Leonardo*, 2011, cat. 9, pp. 108-109) añade que ambos bocetos muestran al sujeto levantando la tapa de su vaso de ungüentos, como en la pintura. Es probable que la fuente de Luini fuera una versión más acabada, posiblemente un cartón. En este sentido, *Magdalena* podría considerarse un sustituto de un cuadro que Leonardo no llegó a pintar.

[79] Federico Borromeo, *Sacred Painting. Museum*, Kenneth S. Rothwell Jr. (ed. y trad.) con introducción y notas de Pamela M. Jones, The I Tatti Renaissance Library Series, Cambridge, Massachusetts, y Londres, 2010, pp. 174-77, también citado en Alessandro Morandotti, «Il Revival Leonardesco nell'Età di Federico Borromeo», en Maria Teresa Fiorio y Pietro C. Marani (eds.), *I leonardeschi a Milano: fortuna e collezionismo*, Milán, 1991, pp. 169-170 (166-182).

[80] Jones en *Arte Lombarda*, 1992, pp. 91-93.

[81] Excepto para Agosti y Stoppa en *Luini*, 2014, vol. I, p. 315.

[82] Syson en Syson y Keith (eds.), *Leonardo*, 2011, pp. 289-290; y Bambach, *Leonardo*, 2019, vol. III, pp. 36-38.

[83] Agosti y Stoppa en Agosti y Stoppa (eds.), *Luini*, 2014, vol. I, cat. 79, pp. 312-317.

[84] Quattrini, *Luini*, 2019, cat. 161, pp. 396-98. Bambach (*Leonardo*, 2019, vol. III, pp. 36-38, y vol. IV, p. 314 nota 175) reafirma la atribución tradicional a Luini y data el cuadro hacia 1520. El estilo de Aurelio difiere completamente del de su padre, mientras que del de sus tres hermanos mayores no se tiene conocimiento.

[85] Bora en Bora et al. (eds.), *Legacy*, 1998, p. 354.

[86] Agosti en Agosti y Stoppa (eds.), *Luini*, 2014, vol. I, cat. 56, pp. 258-260; y Quattrini, *Luini*, 2019, cat. 138, pp. 351-352.

[87] Quattrini, *Luini*, 2019, cat. 144, pp. 375-376. La representación de Luini del tema que se encuentra en la National Gallery of Canada de Ottawa incluye también a los dos infantes (Quattrini, 2019, cat. 136. pp. 349-350).

[88] Bambach (ed. *Leonardo*), cat. 94, pp. 515-520; y Bambach, *Leonardo*, 2019, vol. III, pp. 15-24.

[89] Quattrini, *Luini*, 2019, cat. 162, pp. 398-400, como de un seguidor de Luini hacia 1530. El autor agradece al director del Museo del Prado, Miguel Falomir, y a la conservadora Almudena Sánchez Martín por facilitar el estudio del cuadro mientras lo estaban sometiendo a tratamiento en 2020. Salvo el fondo oscuro parcialmente afectado por el barrido y algunas pequeñas partes aisladas que se han perdido, el estado de conservación es muy bueno, especialmente encarnados, lo que permite apreciar el claroscuro del artista. El báculo en forma de cruz que se encontraba debajo del Bautista fue retirado al considerarse un añadido posterior (informe del conservador del 23 de marzo de 2022).

[90] Alessandro Bettagno, «Italian Painting», en Alessandro Bettagno, Christopher Brown, Francisco Calvo Serraller, Francis Haskell y Alfonso E. Pérez Sanchez (eds.), *The Prado Museum*, Madrid, 1996, pp. 226-229.

[91] Pietro C. Marani, *Leonardo e i Leonardeschi a Brera*, Florencia, 1987, cat. 40, pp. 214-217.

[92] Giovanni Agosti, *Disegni del Rinascimento in Valpadana* (catálogo de exposición). Gabinetto di Disegni e Stampe, Galleria degli Uffizi, Florencia, 2001, cat. 43, pp. 223-226; y Quattrini, *Luini*, 2019, cat. 2, pp. 429-430. Ambos autores fechan el dibujo a principios de la década de 1510.

[93] Bambach, *Leonardo*, 2019, vol. I, pp. 284-85. A diferencia de los otros bocetos del folio, este presenta un sombreado más matizado con la mano izquierda y un paisaje rocoso como entorno para las figuras.

[94] La composición gozó de popularidad con el pupilo de Leonardo Marco d'Oggiono y con Joos Van Cleve, conocido como "el Leonardo del Norte". Véase Franco Moro, «Spunti sulla diffusione di un tema leonardesco tra Italia e Fiandra fino a Lanino», en Fiorio y Marani (eds.), *Leonardeschi*, 1991, pp. 120-140; Laura Traversi, «Il tema dei due fanciulli che si baciano e abbacciano tra leonardismo italiano e leonardismo fiammingo», en *Raccolta Vinciana*, vol. XXVII, 1997, pp. 373-437; y Dan Ewing, «Joos Van Cleve und Leonardo: Italienische Kunst in Niederlandische Ubersetzung», en Peter Van den Brink (ed.), *Joos Van Cleve. Leonardo des Nordens* (catálogo de exposición), Suermundt-Ludwig-Museum, Aachen, Stuttgart, 2011, pp. 112-131.

[95] Quattrini (*Luini*, 2019, cat. 41, p. 459) le atribuye a Luini el dibujo, pero no la pintura para la que fue realizado.

[96] Chiara Battezzati en Agosti y Stoppa (eds.), *Luini*, 2014, vol.1, cat. 27, pp. 168-171; y Quattrini, *Luini*, 2019, cat. 89, pp. 275-276.

[97] Brown, *Art and Devotion*, 2003, pp. 76-77; y Quattrini, *Luini*, 2019, cat. 53, pp. 219-220. Compárese también el fresco contemporáneo de Luini sobre el mismo tema para la cartuja

de Pavía (Simone Bertelli en Agosti y Stoppa eds., *Luini*, vol. II, cat. 3, pp. 34-36; y Quattrini, *Luini*, 2019, cat. 23, pp. 172-173). El motivo del Niño Jesús tocando una flor fue introducido en Milán por Leonardo y adoptado por Solario y otros miembros de su círculo en la década de 1490.

[98] Giovanni Agosti en Agosti y Stoppa (eds.), *Luini*, 2014, vol. I, cat. 40, pp. 210-213; y Quattrini, *Luini*, 2019, cat. 156, pp. 389-390.

[99] Michael Swicklik, Barbara H. Berrie y Gretchen Hirschauer, «*Sfumato* and Sheen. Bernardino Luini's *Lady in Black*», en Daphne Barbour y E. Melanie Gifford (eds.), *Facture*, National Gallery of Art de la ciudad de Washington, vol. 2, 2015, pp. 140-157.

[100] Bora en Bora et al. (eds.), *Legacy*, 1998, pp. 368-369.

[101] Para una copia contemporánea realizada mientras se producía el original y actualmente en el Museo del Prado, véase Ana González Mozo (ed.), *Leonardo y la copia de Mona Lisa del Museo del Prado. Nuevos planteamientos sobre las prácticas del taller vinciano* (catálogo de exposición), Museo del Prado, Madrid, 2021. Aunque el cartón de la *Mona Lisa* se ha perdido, existe uno de la variante conocida como *Joconde Nue* en el Musée Condé de Chantilly.

[102] Bambach (ed.), *Leonardo*, 2003, cat. 131, pp. 663-666; Claudio Gulli en *Luini*, Agosti y Stoppa (eds.), 2014, vol. I, cat. 44, pp. 219-220; Quattrini, *Luini*, 2019, cat. 29, pp. 449-450; y Bambach, *Leonardo*, 2019, vol. II, pp. 256-262.

[103] Bambach, *Leonardo*, 2019, vol. II, pp. 253-262.

[104] Hirschauer (en Barbour and Gifford eds., *Facture*, 2015) describe el traje en detalle.

[105] La llamada *Esclava turca* de Parmigianino de la Galleria Nazionale de Parma, por ejemplo, o la *Lucina Brembate* de Lotto de la Accademia Carrara de Bérgamo, con la que a menudo se ha comparado el retrato de Luini.

[106] Brown, *Solario*, 1987, pp. 236-238 y cat. 69, p. 285.

[107] Stefano Bruzzese en Agosti y Stoppa (eds.), *Luini*, 2014, vol. II, cat. 7, pp. 55-59; y Quattrini, *Luini*, 2019, cat. 113, pp. 301-305. El autor agradece a Giuseppe Rovera por facilitar que examinara el retablo.

[108] Un renovado interés hacia el retablo de Leonardo por parte de Luini en la década de 1520 se refleja posiblemente en la copia de *La Virgen de las rocas* de la iglesia parroquial de Santa Giustina, en Affori. Reclamada en su día como de Leonardo, esta versión más pequeña que el original presenta un esquema cromático, unos tipos faciales, unas plantas simbólicas e incluso a un José dormido en el fondo típicos de Luini. De calidad mediocre, la pintura parece ser una copia de una obra suya perdida o un producto de su taller. Véase Carlo Pedretti (ed.), *Leonardo da Vinci. The European Genius. Paintings and Drawings* (catálogo de la exposición en la basílica de Kockelberg, Bruselas), Foligno, 2007, cat. 18, pp. 76-77; Luigi Ripamonti, *La Tavola della Vergine delle Rocce in Affori*, Affori (Milán), 2015; y Quattrini, *Luini*, 2019, cat. C8, pp. 425-426.

[109] Quattrini, Luini, 2019, cat. 154, pp. 387-88, y cat. 125, pp. 332-333. La *Salomé con la cabeza del Bautista* de Luini que se encuentra en los Uffizi (Claudio Gulli en Agosti y Stoppa eds., *Luini*, 2014, vol. I, cat. 57, pp. 262-266; y Quattrini, Luini, cat. 133, pp. 346-347) combina la influencia de Solario para la composición con la de la llamada *Scapigliata* de Leonardo de la Galleria Nazionale de Parma (*La fortuna della Scapiliata di Leonardo da Vinci*, catálogo de exposición en el Complesso Monumentale della Pilotta, Pietro C. Marani y Simone Verde eds., Parma, 2019) para la cabeza de la seductora mujer.

[110] Quattrini, *Luini*, 2019, cat. 143, pp. 373-374, y cat. 29, pp. 185-187. Matthew Landrus («Salvator Mundi: Why Bernardino Luini Should Be Back in the Frame», en *The Art Newspaper*, n.º 304, septiembre de 2018, p. 6) ha recuperado recientemente la atribución del *Salvator Mundi* de Leonardo a Luini, como cuando se encontraba en la colección Cook.

[111] Quattrini, *Luini*, 2019, cat. 165, pp. 403-404.

[112] Mar Borobia, *Museo Thyssen-Bornemisza. Old Masters*, Madrid, 2009, p. 172; y Quattrini, *Luini*, 2019, cat. 102, pp. 291-292.

Bibliografía

Los autores de los artículos o ensayos en libros o catálogos de exposición aparecen citados individualmente por su nombre, mientras que los compiladores de entradas de catálogos en catálogos de exposición no.

A

Agosti, Giovanni. *Disegni del Rinascimento in Valpadana* (cat. exp.), Gabinetto di Disegni e Stampe, Galleria degli Uffizi, Florencia. Florencia, 2001.

Agosti, Giovanni y Jacopo Stoppa (eds.). *Bernardino Luini e i suoi figli* (cat. exp.), Palazzo Reale, Milán. 2 vols. Milán, 2014.

Ames-Lewis, Francis. «Leonardo's Botanical Drawings» en *Achademia Leonardi Vinci. Journal of Leonardo Studies & Bibliography of Vinciana* X (1997), pp. 117-124.

B

Ballarin, Alessandro. *Leonardo a Milano. Problemi di Leonardismo Milanese tra Quattrocento e Cinquecento.* 4 vols. Verona, 2010.

Bambach, Carmen C. (ed.). *Leonardo da Vinci Master Draftsman* (cat. exp.), Metropolitan Museum of Art, Nueva York. Nueva York, 2003.

Bambach, Carmen C. *Leonardo da Vinci Rediscovered.* 4 vols. New Haven y Londres: 2019.

Bambach, Carmen C. «Leonardo's St. Anne Types and the Dating of the National Gallery Cartoon» en Juliana Barone y Susanna Avery-Quash (eds.). *Leonardo in Britain. Collections and Historical Reception* (actas de congreso, Londres, 2016). Florencia: 2019, pp. 59-71.

Bayer, Andrea. «Defining Naturalism in Lombard Painting» en Andrea Bayer (ed.). *Painters of Reality. The Legacy of Leonardo and Caravaggio in Lombardy* (cat. exp.), Metropolitan Museum of Art, Nueva York. Nueva York: 2004, pp. 2-19.

Beltrami, Luca. *Luini 1512-1532. Materiale di Studio.* Milan: 1911.

Berenson, Bernard. *North Italian Painters of the Renaissance.* Nueva York y Londres: 1907.

Bettagno, Alessandro. «Italian Painting» en Alessandro Bettagno, Christopher Brown, Francisco Calvo Serraller, Francis Haskell y Alfonso E. Perez Sanchez (eds.). *The Prado Museum.* Madrid: 1996, pp. 226-229.

Binaghi Olivari, Maria Teresa. *Bernardino Luini.* Milán: 2007.

Bora, Giulio. «Bernardino Luini» en Giulio Bora, Maria Teresa Fiorio, Pietro C. Marani y Janice Shell (eds.). *The Legacy of Leonardo. Painters in Lombardy 1490-1530.* Milán: 1998, pp. 325-370.

Borobia, Mar. *Museo Thyssen-Bornemisza. Old Masters.* Madrid: 2009.

Borromeo, Federico. *Sacred Painting. Museum.* Edición y traducción de Kenneth S. Rothwell Jr., con introducción y notas de Pamela M. Jones. The I Tatti Renaissance Library Series. Cambridge (Massachusetts), y Londres: 2010.

Brown, David Alan. *Andrea Solario.* Milán: 1987.

Brown, David Alan. *Leonardo da Vinci. Art and Devotion in the Madonnas of his Pupils.* Cinisello Balsamo (Milán): 2003.

Burns, Emily. The National Gallery. *Leonardo's Legacy: Francesco Melzi and the Leonardeschi.* www.nationalgallery.org.uk.

C

Caramel, Lucian (ed.). *Pinacoteca Ambrosiana. 1. Dipinti dal medioevo alla Metà del Cinquecento.* Milán: 2005.

Carminati, Marco. *Cesare da Sesto 1477–1523.* Milán y Roma: 1994.

Caroli, Flavio (ed.). *Il Cinquecento Lombardo. Da Leonardo a Caravaggio,* (cat. exp.), Palazzo Reale, Milán. Milán: 2000.

Cataldo, Stefania Tullio (ed.). *Leonardo in Francia. Il maestro e gli allievi 500 anni dopo la traversata delle Alpi 1516-2016* (cat. exp.), Embajada de Italia, París. París: 2016.

Cavalca, Domenico. *Vite scelte de' santi padri.* Edicón de Francesco Costero. Milán: 1879.

Christian, John. «Burne-Jones's Second Italian Journey» en *Apollo* CII, n.º 165 (noviembre de 1975), pp. 334-337.

Clark, Kenneth. *Leonardo da Vinci. An Account of his Development as an Artist.* Cambridge: 1939.

Clayton, Martin. *Leonardo da Vinci. The Divine and the Grotesque* (cat. exp.), The Queen's Gallery Holyrood House, Edimburgo, y Palacio de Buckingham, Londres. Londres: 2002.

Clayton, Martin. *Leonardo da Vinci. A Life in Drawing.* Londres y Nueva York: 2018.

Cook, Herbert (ed.). *Illustrated Catalogue of Pictures by Masters of the Milanese and Allied Schools of Lombardy* (cat. exp.), Burlington Fine Arts Club, Londres. Londres: 1899.

D

Delieuvin, Vincent (ed.). *Saint Anne. Leonardo da Vinci's Ultimate Masterpiece* (cat. exp.), Musée du Louvre, París. París: 2012.

Delieuvin, Vincent (ed.). *La Joconde Nue* (cat. exp.), Musée Condé, Chantilly. París: 2019.

Disegni e dipinti leonardeschi dalle collezioni milanesi (cat. exp.), Palazzo Reale, Milán. Milán: 1987.

E

Emboden, William A. *Leonardo da Vinci on Plants and Gardens.* Portland (Oregón): 1987.

Ewing, Dan. «Joos Van Cleve und Leonardo: Italienische Kunst in Niederlandische Ubersetzung» en Peter Van den Brink (ed.). *Joos van Cleve. Leonardo des Nordens* (cat. exp.), Suermundt-Ludwig-Museum, Aquisgrán. Stuttgart: 2011, pp. 112-131.

F

Finaldi, Gabriele (ed.). *The Image of Christ.* Londres: 2000.

Fiorani, Francesca y Nova, Alessandro (eds.). *Leonardo da Vinci and Optics. Theory and Practice.* Venecia: 2013.

Fiorani, Francesca. *The Shadow Drawing. How Science Taught Leonardo How to Paint.* Nueva York: 2020.

Freedberg, Sydney J. *Painting in Italy 1500 to 1600.* Pelican History of Art Series. Harmondsworth: 1971.

G

González Mozo, Anna (ed.). *Leonardo y la copia de Mona Lisa del Museo del Prado. Nuevos planteamientos sobre las prácticas del taller vinciano* (cat. exp.), Museo del Prado, Madrid. Madrid: 2021.

Gregori, Mina (ed.). *Pittura a Milano. Rinascimento e Manierismo.* Milán: 1998.

H

Hall, Nicholas y Brilliant, Virginia. *Faithful to Nature. Eleven Lombard Paintings 1530-1760*. Nueva York: 2019.

Harrison, Colin y Newall, Christopher. *The Pre-Raphaelites and Italy* (cat. exp.), Ashmolean Museum, Oxford. Oxford: 2010.

J

Jestaz, Bertrand. «François Ier, Salai, et les tableaux de Léonard» en *Revue de l'Art* 126, n.º 4 (1999), pp. 68-72.

Jones, Pamela M. «Bernardino Luini's Magdalene from the Collection of Federico Borromeo, Religious Contemplation and Iconographic Source» en *Studies in the History of Art*, National Gallery of Art, ciudad de Washington, n.º 24 (1990), pp. 67-72.

Jones, Pamela M. «Defining the Canonical Status of Milanese Art: Bernardino Luini's Paintings for the Ambrosian Accademia del Disegno» en *Arte Lombarda* C, n.º 1 (1992), pp. 89-94.

Jones, Pamela M. *Federico Borromeo and the Ambrosiana. Art Patronage and Reform in Seventeenth-Century Milan*. Cambridge (Massachusetts): 1993.

K

Katz, Melissa R. (ed.). *Divine Mirrors. The Virgin Mary in the Visual Arts* (cat. exp.), Davis Museum and Cultural Center, Wellesley College, (Massachusetts). Nueva York: 2001.

Kemp, Martin (ed.). *Leonardo on Painting*. New Haven y Londres: 1989.

Kugler, Franz Theodor. *Handbook of Painting. The Italian Schools*. Edición de Charles Lock Eastlake. 2 vols. Londres: 1869.

Kustodieva, Tatiana y Zatti, Susanna (eds.). *Leonardeschi. Da Foppa al Giampietrino. Dipinti dall'Ermitage di San Pietroburgo a dai Musei Civici di Pavia* (cat. exp.), Castello Visconteo, Pavía. Pavía: 2011.

Kustodieva, Tatiana. *Flora Restored. Francesco Melzi's Flora, its history and recent restoration*. Londres: 2021.

L

Landrus, Matthew. «Salvator Mundi: Why Bernardino Luini Should Be Back in the Frame» en *The Art Newspaper*, n.º 304 (septiembre de 2018), p. 6.

Lanzi, Luigi. *Storia Pittorica della Italia dal Risorgimento delle Belle Arti fin presso la Fine del XVIII Secolo*. Edición de Martino Capucci. 3 vols. Florencia: 1968-74.

Lavin, Marilyn Arenberg. «Giovannino Battista: A Study in Renaissance Religious Symbolism» en *The Art Bulletin* XXXVII, n.º. 2 (junio de 1955), pp. 85-101; y XLIII, n.º 4 (diciembre de 1961), pp. 319-326.

Lomazzo, Giovanni Paolo. *Scritti sull'arte*. Edición de Roberto Paolo Ciardi. 2 vols. 1973-75.

Longhi, Roberto. *Officina Ferrarese, 1934. Seguito dagli Ampliamenti 1940 e dai Nuovi Ampliamenti 1940-55*. Florencia: 1956.

M

Marani, Pietro C. *Leonardo e i leonardeschi a Brera*. Florencia: 1987.

Marani, Pietro C. «A New Date for Francesco Melzi's *Young Man with a Parrot*» en *The Burlington Magazine* CXXXI. n.º 1036 (julio de 1989), pp. 479-481.

Marani, Pietro C. «Francesco Melzi» en Giulio Bora, Maria Teresa Fiorio, Pietro C. Marani y Janice Shell (eds.). *The Legacy of Leonardo. Painters in Lombardy 1490-1530*. Milán: 1998, pp. 371-384.

Marani, Pietro C. «Luini, Bernardino» en *Dizionario Biografico degli Italiani* LXVI (2006), pp. 510-518.

Marani, Piero C. *Bernardino Luini. Una Carriera di Pittore e un Dipinto Inedito*. Olgiate Olona (Varese): 2007.

Marani, Pietro C. *Leonardo da Vinci. The Complete Paintings*. Nueva York: 2019.

Marani, Pietro C. y Verde, Simone. *La fortuna della Scapiliata di Leonado da Vinci* (cat. exp.), Complesso Monumentale della Pilotta, Parma. Parma: 2019.

Morandotti, Alessandro. «Il revival leonardesco nell'etá di Federico Borromeo» en Maria Teresa Fiorio y Pietro C. Marani (eds.). *I Leonardeschi a Milano. Fortuna e collezionismo* (actas de congreso internacional, 1990). Milán: 1991, pp. 166-182.

Moro, Franco. «Spunti sulla diffusione di un tema leonardesco tra Italia e Fiandra fino a Lanino» en Maria Teresa Fiorio y Pietro C. Marani (eds.). *I Leonardeschi a Milano. Fortuna e Collezionismo* (actas de congreso Internacional, 1990). Milán: 1991, pp. 120-140.

N

Newall, Christopher (ed.). *The Pre-Raphaelites and Italy* (cat. exp.), Ashmolean Museum, Oxford. Oxford: 2010.

O

Ottino Della Chiesa, Angela. *Bernardino Luini*. Novara: 1956.

P

Pedretti, Carlo (ed.). *Leonardo da Vinci. The European Genius. Paintings and Drawings* (cat. exp.), basílica de Kockelberg, Bruselas. Foligno: 2007.

Q

Quattrini, Cristina. «Lo Schermo di Cam» en Cristina Quattrini (ed.). *Brera mai vista. Lo Schermo di Cam. Un dipinto riscoperto di Bernardino Luini* (cat. exp.), Pinacoteca di Brera, Milán. Milán: 2006, pp. 8-47.

Quattrini, Cristina. «Una Deposizione dalla croce di Bernardo Zenale» en *Nuovi Studi* 13 (2007), pp. 51-55.

Quattrini, Cristina. *Bernardino Luini*. Milán: 2019.

R

Rinaldi, Furio. «The 'Academia Leonardi Vinci'. Leonardo's Pupils, Followers and the Legacy of the Master's Works» en Pietro C. Marani y Maria Teresa Fiorio (eds.), *Leonardo da Vinci 1452-1519. The Design of the World* (cat. exp.), Palazzo Reale, Milán. Milán: 2015, pp. 438-449.

Rio, Alexis-François. *Leonardo da Vinci e la sua Scuola*. Traducción de V. G. De Castro. Milán: 1856.

Ripamonti, Luigi. *La Tavola della Vergine delle Rocce in Affori*. Affori (Milán): 2015.

Romano, Giovanni. *Rinascimento in Lombardia. Foppa, Zenale, Leonardo, Bramantino*. Milán: 2011.

Ruskin, John. *The Works of John Ruskin*. Edición de E. T. Cook y A. Wedderburn. 39 vols. Londres: 1903-12.

S

Sciola, G. C. (ed.). *Ambrogio da Fossano detto il Bergognone: un Pittore per la Certosa* (cat. exp.), cartuja de Pavía. Milán: 1998.

Seidel, Linda (ed.). *Pious Journeys. Christian Devotional Art and Practice in the Later Middle Ages and Renaissance*. Chicago: 2001.

Shell, Janice. «Gian Giacomo Caprotti, called Salai» en Giulio Bora, Maria Teresa Fiorio, Pietro C. Marani y Janice Shell (eds.). *The Legacy of Leonardo. Painters in Lombardy 1490-1530*. Milán: 1998, pp. 397-406.

Sorce, Francesco. «Melzi, Francesco» en *Dizionario Biografico degli Italiani* 73 (2009), pp. 392-394.

Swicklik, Michael; Berrie, Barbara y Hirschauer, Gretchen. «*Sfumato* and Sheen. Bernardino Luini's *Lady in Black*» en Daphne Barbour y E. Melanie Gifford (eds.). *Facture*. National Gallery of Art, ciudad de Washington. Ciudad de Washington: 2015, pp. 140-157.

Syson, Luke y Keith, Larry (eds.). *Leonardo da Vinci. Painter at the Court of Milan* (cat. exp.), National Gallery, Londres. Londres: 2011.

T

Traversi, Laura. «Il tema dei due fanciulli che si baciano e abbracciano tra leonardismo italiano e leonardismo fiammingo» en *Raccolta Vinciana* XXVII (1987), pp. 373-437.

V

Van Os, Henk. *The Art of Devotion in the Late Middle Ages in Europe 1300-1500*. Princeton: 1994.

Vasari, Giorgio. *Le Vite de più Eccellenti Pittori Scultori ed Architettori*. Edición de Gaetano Milanesi. 9 vols. Florencia: 1878-85.

Venturi, Adolfo. *Storia dell'Arte Italiana. IX. La Pittura del Cinquecento. Parte II*. Milán: 1926.

Villata, Edoardo. *Leonardo da Vinci. I Documenti e le Testimonianze Contemporanee*. Milán: 2019.

W

Williamson, George C. *Bernardino Luini*. Londres: 1899.

Wilson, Carolyn. «Focus on Luini's Houston Pietà» en *Arte Lombarda* CXII, n.º 1 (1995), pp. 39-42.

Wilson, Carolyn. *Italian Paintings. XV-XVI Centuries in the Museum of Fine Arts, Houston*. Londres: 1996.

Índice onomástico

A
Agosti, Giovanni 11, 63, 65, 66, 67
Aiello, Patrizio 65
Ames-Lewis, Francis 66
Androsko, Gwendolyn 7
Appiah-Duffell, Salima 7
Arenberg Lavin, Marilyn 63
Avery-Quash, Susanna 63

B
Bambach, Carmen C. 42, 63, 65, 66, 67
Barbour, Daphne 67
Barone, Juliana 63
Battezzati, Chiara 65, 66
Bayer, Andrea 63
Beltrami, Luca 11, 63
Berenson, Bernard 10, 11, 63
Bergognone, Ambrogio da Fossano llamado 15, 31
Berrie, Barbara H. 67
Bertelli, Simone 67
Bettagno, Alessandro 66
Binaghi Olivari, Maria Teresa 11, 63, 65
Boltraffio, Giovanni Antonio 63
Bora, Giulio 63, 65, 66, 67
Bordwell, Kathy 7
Borgia, César 13
Borobia, Mar 67
Borromeo, Federico 10, 43, 46, 48, 51, 58, 61, 66
Botticelli, Sandro 37
Bramante, Donato 9
Bramantino, Bartolomeo Suardi llamado 9, 11
Brilliant, Virginia 63
Brown, Christopher 66
Bruzzese, Stefano 67
Burne-Jones, Edward 10
Burns, Emily 65

C
Calvo Serraller, Francisco 66
Capucci, Martino 63
Caramel, Luciano 66
Cara, Roberto 65
Caravaggio, Michelangelo Merisi llamado 63
Carminati, Marco 65
Caroli, Flavio 66
Cavalca, Domenico 18, 63
Cavallone, Maria Cecilia 63
Cesare da Sesto 24
Clark, Kenneth 63
Clayton, Martin 66
Contini, Roberto 65
Cordier, Sylvain 66
Correggio, Antonio Allegri llamado 42

D
de Amboise, cardenal Jorge 26
de Amboise, Carlos 13
de Este, Isabel 13, 42, 56
d'Oggiono, Marco 63, 66
de Predis, Ambrogio 15, 63
de Predis, Evangelista 15
de Conti, Bernardino 51
de Médicis, Julián 13
Delieuvin, Vincent 63, 65, 66
di Lorenzo, Andrea 65
DonVito, Charlotte 7

E
Eastlake, Charles Lock 63
Emboden, William A. 65
Essex, David 7
Ewing, Dan 66

F
Falomir, Miguel 66
Finaldi, Gabriele 63
Fiorani, Francesca 63
Fiorio, Maria Teresa 63, 66
Flamine, Marco 65
Foppa, Vincenzo 15, 28, 65
Fraccaro, Cristina 65
Francisco I, rey de Francia 13, 34, 40
Freedberg, Sydney J. 63

G
Gifford, E. Melanie 67
Giorgione, Claudio 65
Gregori, Mina 65
Gulli, Claudio 67

H
Hagood, John 7
Hall, Nicholas 63
Haskell, Francis 66
Hirschauer, Gretchen 7, 67

J
Jestaz, Bertrand 65
Jones, Pamela M. 46, 66

K
Keith, Larry 63, 65, 66
Kugler, Franz Theodor 10, 63
Kustodieva, Tatiana 65

L
Landrus, Matthew 67
Lanzi, Luigi 10, 63
Lomazzo, Giovanni Paolo 10, 42, 43, 63, 65, 66
Longhi, Roberto 63
Lotto, Lorenzo 67
Luis XII, rey de Francia 13, 22
Luini, Aurelio 42, 43, 66

M
Marani, Pietro C. 63, 65, 66, 67
McElven, Rodrick 7
Melzi, Francesco 34, 35, 37, 40, 42, 43, 46, 48, 52, 53, 56, 65, 66
Mendes de Silva, Amadeo 63
Milanesi, Gaetano 63
Minozzi, Marina 66
Morandotti, Alessandro 66
Morisetti, Ida 65
Moro, Franco 66

N
Napoletano, Francesco 63
Natale, Mauro 65
Nova, Alessandro 63

O
Ottino Della Chiesa, Angela 11, 63

P
Parmigianino, Francesco Mazzola llamado 67
Passavant, Johann David 10
Pedretti, Carlo 66, 67
Pérez Sanchez, Alfonso E. 66
Felipe II, rey 51
Pisanello, Antonio Pisano llamado 13

Q
Quattrini, Cristina 11, 63, 65, 66

R
Rabia, Gerolamo 9, 13
Rafael 37
Renzi, Giovanni 65
Rio, Alexis-François 10, 63
Ripamonti, Luigi 67
Rovera, Giuseppe 67
Rowley, Neville 65
Ruskin, John 10, 63

S
Salai, Gian Giacomo Caprotti llamado 34, 35, 37, 42, 66
Sánchez Martín, Almudena 66
Sciola, G. C. 65
Seidel, Linda 63
Sforza, duque Francisco II 9
Sforza, duque Ludovico 11, 13, 16
Shell, Janice 63, 65
Solario, Andrea 9, 26, 27, 28, 56, 65, 67
Sorce, Francesco 65
Spadaccini, Benedetta 65
Stoppa, Jacopo 11, 63, 65, 66, 67
Swicklik, Michael 67
Syson, Luke 63, 65, 66

T
Tagliabue, Egon 63
Terzaghi, Luca 26
Tomás de Kempis 26
Traversi, Laura 66
Trivulzio, Gian Giacomo 9
Trivulzio, Scaramuccia 32, 65
Tullio Cataldo, Stefania 65, 66

V
Van Cleve, Joos 66
Van den Brink, Peter 66
van Os, Henk 63
Vasari, Giorgio 9, 10, 34, 35, 63, 65
Venturi, Adolfo 11, 63
Verde, Simone 67
Villata, Edoardo 63, 65

W
Wilson, Carolyn 30, 65

Z
Zatti, Susanna 65
Zenale, Bernardo 65